GAO TAI

高 台

郭成良 著

青海人民出版社

图书在版编目（CIP）数据

高台 / 郭成良著. -- 西宁：青海人民出版社，2018.12（2021.11 重印）
ISBN 978-7-225-05745-3

Ⅰ.①高… Ⅱ.①郭… Ⅲ.①社火—介绍—湟中县 Ⅳ.① K892.1

中国版本图书馆 CIP 数据核字 (2019) 第 006275 号

高台

郭成良 著

出 版 人	樊原成
出版发行	青海人民出版社有限责任公司
	西宁市五四西路 71 号　邮政编码：810023　电话：（0971）6143426（总编室）
发行热线	（0971）6143516 / 6137730
网　　址	http://www.qhrmcbs.com
印　　刷	陕西龙山海天艺术印务有限公司
经　　销	新华书店
开　　本	890 mm × 1240 mm　1/32
印　　张	5.875
字　　数	60 千
版　　次	2019 年 12 月第 1 版　2021 年 11 月第 2 次印刷
书　　号	ISBN 978-7-225-05745-3
定　　价	36.00 元

版权所有　侵权必究

目 录

楔子
1

第一章
西纳川里千户营
9

第二章
社火春秋
19

第三章
高台溯源
33

第四章
千户营高台舞云端
47

第五章
扮古演今
65

第六章
"高台娃娃"与道具
81

第七章
绑扎
103

第八章
高台之美
121

第九章
"申遗"
139

第十章
"高台之忧"
151

第十一章
不是尾声
171

后　记
181

楔　子

在西北辽阔的大地上，每到元宵节，寒意犹存，风刀似剑，有时还落点雪，有时干燥得浮土几寸厚，荒山秃岭，山根里卧着一个或几个小村庄，几缕炊烟，几声鸡鸣牛哞，一座座四四方方的黄土夯筑的四合院，宛如一座座黄泥大印，整齐有序地摆在极有限的平地上，苍黑的青杨扶疏点缀其间。

在西北辽阔的大地上，每到元宵节，寒意犹存，风刀似剑，有时还落点雪，有时干燥得浮土几寸厚，荒山秃岭，山根里卧着一个或几个小村庄，几缕炊烟，几声鸡鸣牛哞，一座座四四方方的黄土夯筑的四合院，宛如一座座黄泥大印，整齐有序地摆在极有限的平地上，苍黑的青杨扶疏点缀其间。或许，有一条河流弯弯曲曲流向远方，这时，冰封的河面似镜子一般。最要紧的是，这段时间临近元宵节，都在紧紧张张地筹备出演社火。

过了人日（正月初七），尤其是到了正月十二，在"咚咚锵锵"的锣鼓声中，人们脸敷油彩、身着五彩袍服，装扮的社火队从村子火神庙中浓墨重彩地出场了，高高低低，一路逶迤，经过村庄人口密集的官道，绕过村头年逾百年的老榆树，向着一个个靠阳的地方奔去。在那里围成圈，摆开阵势，放开嗓子、甩开袖子、迈开步子、扭动胯子，扭上一阵，演的是楚庄王被困巧奔妙逃的故事，饰的是俊俏的蜡花姐和粗壮的光棍汉，扮的是老羊羔、搬旱船的故事……

这里是青藏高原河湟谷地的湟水中游的湟中地，白象山下多巴、

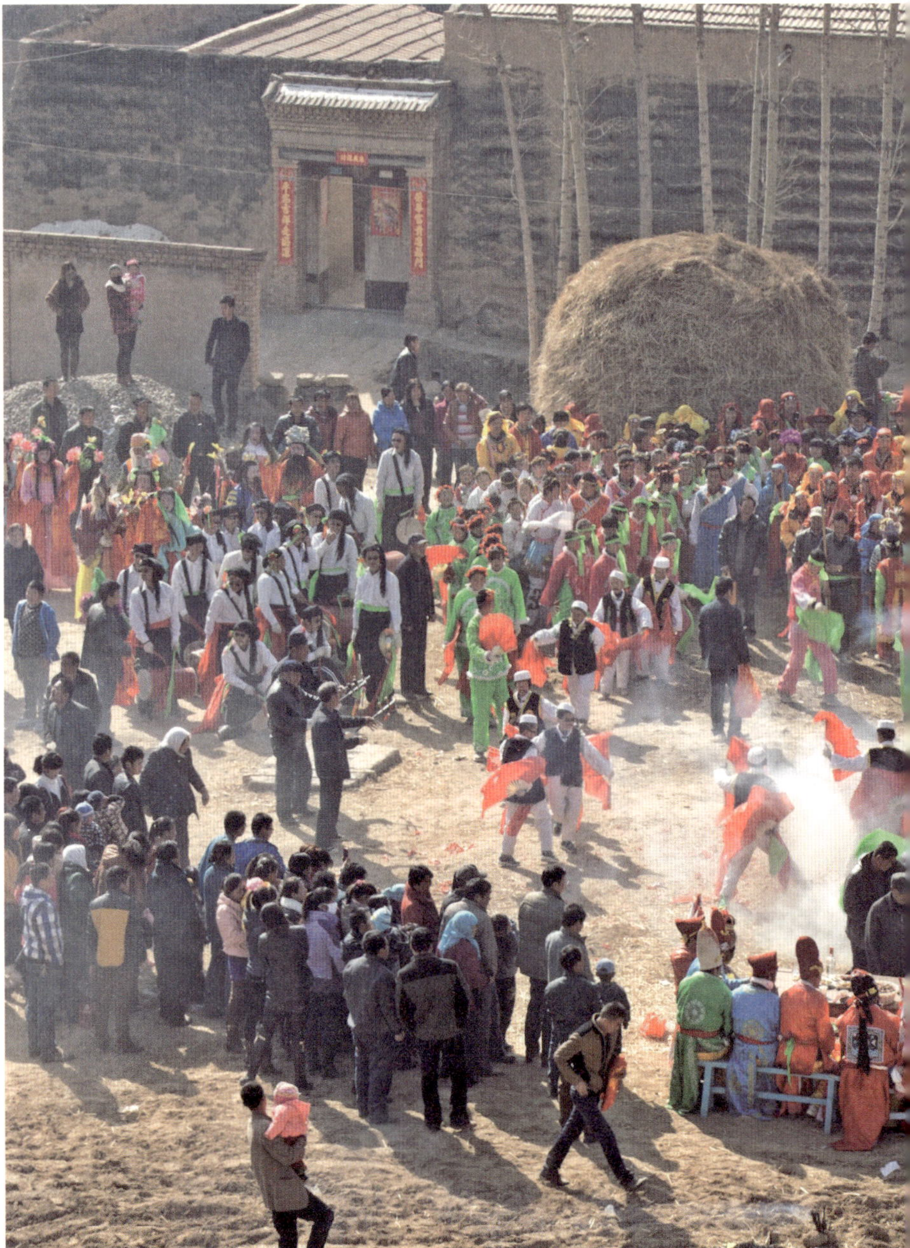

闹新春

通海、西纳河畔千户营、拉科、丹麻寺、黑嘴等，近十个百年村庄的社火场上，除了司空见惯的地面社火和飘逸灵动的高跷外，还多了一台台风姿绰约、玉树临风的空中造型艺术——高台。

高台这种奇异的表演形式外观别具一格，而且内涵十分丰富，是一朵盛开在民间土壤里的娇艳的艺术奇葩。

如今的千户营高台每年元宵节期间如期上演，吸引众多观众前来观赏，已成为河湟地区春节文化娱乐的一大盛事。

从全国层面看，幅员辽阔的祖国版图上，高台在河北、山西、内蒙古、山东、青海、甘肃、宁夏、安徽、浙江、江苏、四川、重庆、云南、福建、广东、湖南等省市、自治区广为分布，各地高台的名称也不尽相同，有的地方称高台、高抬、高景，有的地方称抬阁、重阁、挠阁，有的地方叫铁枝、背杆、铁芯子，还有的地方称飘色、故事会等，不一而足。据蔡欣欣教授梳理统计，全国对高台的称呼有58种之多，无论名称上有何不同，高台的外在表现形式大同小异，都是通过人力或物力承载移动的空中舞台进行戏剧游行表演。

综合起来，比较常见的高台形式有高抬、抬阁、背杆、铁芯子、飘色等。

高抬、抬阁就是用人力高高地抬着装扮成戏剧人物的表演形式。"抬"为动词，"阁"则形容亭台楼阁层层高耸，戏剧人物在方寸之间尽显风流，表演千古传奇；背杆又称背阁、背棍、背肘、背芯子等，顾名思义，就是人"驮"人的民俗表演形式，在人的肩背上固定一个架子,架子上"栽"一至两根支架,上面绑束戏剧人物进行表演;铁芯子主要分布在我国山东地区,利用铁支架把扮成各种戏剧人物的儿童固定在高杆上演绎故事,因铁支架如灯芯一样在内部支撑,故名铁芯子;飘色又称跷色、高景等,是一种融戏剧、魔术、杂技、音乐和舞蹈于一身的传统民间民俗艺术,主要流行于我国广东等沿海地区。"色"就是古代在各种酬神巡游中装扮成故事或民间传说里的演员,飘色是凌空而起的戏剧或故事,在水上装扮的叫"水色",在马上装扮的叫"马色"。

青海湟中西纳川地区盛行高台,作为高空造型艺术形式,有些人称之为"高抬",这种艺术形式有两个特点:一个是"高",从视觉感官上说的;另一个是"抬",从方法上说,生动活泼地突出了高台是被人"抬"着走的。经过多年的演变,高台的载体、动力发生了变化,由人力抬改变成了绑束在车辆上面,或在下面装上滚轴轮子,推着游走的形式。

高台这个名称,除了突出形制的高悬外,还突出了"台",即台面、舞台、场地、环境等物质平台,也包括一个抽象的、不具体的、似有似无的虚拟空中平台。就在这个高高的平台上,每逢元宵节,5～7岁的小男孩被装扮成各种戏曲人物、历史人物、神话传说中的人物,绑扎在木杆或金属杆制成的高台上,配以相应的服饰和道具,演绎各种历史故事和神话传说,给人们带来不一样的视觉和精神享受。与此同时,顺天意,尽人事,表达人们祈求国泰民安我、风调雨顺、五谷丰登的美好意愿。由此,高台之名,更宽泛,更具有广度和深度,尤其以青海湟中西纳川千户营高台最具代表性。

[第一章]
·西纳川里千户营·

千户营人和众多青海人一样,说到自己身世的时候,都会不约而同地说,自己的祖先是南京珠玑巷的居民,在明代洪武年间因演出了一场再平常不过的社火,阴差阳错引起了当朝皇上朱元璋的不满,被发配西部,从南京地区迁移而来。

千户营人和众多青海人一样，说到自己身世的时候，都会不约而同地说，自己的祖先是南京珠玑巷的居民，在明代洪武年间因演出了一场再平常不过的社火，阴差阳错引起了当朝皇上朱元璋的不满，被发配西部，从南京地区迁移而来。青海地区是一个多民族聚集的地区，在古代以羌人为主，西汉赵充国开发河湟以来，历朝历代都有内地汉族迁入，尤其到明代，汉民族的大量迁入，对河湟地区的开发起到了非常重要的作用。

明朝迁徙屯田主要分军屯和民屯两类。

军屯就是"兵不出农，犹可以兼农，而省坐食之费"。由于它寓兵于农，耕战结合，是军队生产自给的一种方式，世称"其法最善"。由内地调来戍守兵士，允许他们携带妻室老小，在指定的卫所落户定居。"边地三分守城，七分屯种；内地二分守城，八分屯种。"

明洪武六年（1373），在今西宁置西宁卫，宣德七年升军民指挥使司，成为明代西北边陲一个典型的军管型地区。大量外地军士通过从征、谪发、调拨等形式来到此地戍守，其中许多军士及其家庭在西宁卫立籍并落地生根，成为当地卫所居民的重要组成部分。

民屯是采取"移民就宽乡""移民实边"政策，迁内地农民到边地落户屯田。仅洪武年间，从南京等地征调、迁移数以万计的士兵和居民来到河湟地区屯田。在较短的时间内取得了"兵农兼务，国用以舒"，恢复和发展农业生产的效果，在历代移民屯田中可以说是成效最大的一次。

其实，明初移民除军屯、民屯外，还有罪徙。"青海汉族自南京珠玑巷充军而来"的青海"第一口碑"，从侧面反映罪徙的客观存在。

相传，明太祖朱元璋的皇后马秀英，颇有才华，深受宠爱，但天生一双大脚，世人称之为马皇后、马大脚。明洪武年间（1368—1398）的一个元宵节，南京珠玑巷里张灯结彩，锣鼓喧天，社火节目异彩纷呈，气氛异常热烈。社火中有一个装扮成妇人的"身子"，怀抱西瓜骑在马上，一双大脚肆无忌惮地露在裙裾外面，滑稽可笑。这个节目恰巧被官府的佞臣小人看到，认为有辱当朝皇威，是大逆不道，

千户营

又想邀功领赏，急忙向朱元璋进谗言，说珠玑巷的老百姓耍社火嘲讽马皇后娘娘，要造反了。朱元璋问其缘故，佞臣说珠玑巷人男扮女装，骑在马上，暗指马皇后娘娘；怀抱西瓜，是说马皇后娘娘是安徽淮西人；还长着一双很大的脚。朱元璋听后大怒，马上派人去查证，发现确有其事，遂下令把珠玑巷的这些"刁民"全部处死。这时候有大臣好言相劝，说陛下息怒，如今国都初安，国泰民安，适逢走亲访友的春节期间，一旦大开杀戒，势必有漏网之人，这些人日后寻机报仇，岂不后患无穷？再说，这件事被天下人知道了，还会说陛下心胸狭窄，不如采取和缓的办法，把他们充军发配算了。朱元璋一想也对，于是颁布一道命令，凡是珠玑巷的百姓统统发配塞外的青海地区。就这样，南京珠玑巷的人们因一场正月十五的社火，被无辜地发配到了青海地区。

河湟地区民间广泛流传南京珠玑巷人因正月十五演社火获罪，从珠玑巷流放到西宁的说法，在《纲鉴总论·广注·明朝篇杀京民》中也有与此传说类似的故事："帝以元宵灯谜画一妇女，手怀西瓜乘马，而马后脚甚大。上曰：彼以皇后为戏谑，盖言淮西马后脚大也，杀京民不守本分者。"《明史演义》也记述了这一故事，并明确记载发生这一事件的时间是"洪武三年元宵"。这些传说及文献记载证实了确有一部分青海人是从江南迁移而来，民间传说有一定的真实性，但人人都说是"洪武年间从南京珠玑巷来的"，未免有点人云亦云了，这只是后人对皇城的依恋和心理安慰罢了，有很大的从众心理。

很多历史资料足以证明，青海汉族来自五湖四海，共同开发建设河湟地区。另外，青海移民大潮中，不乏流官，即从远方前来任职的官员。他们携儿带女，源源不断地行进在通往河湟的路上，有不少官员及家属留在这里，成了河湟的一分子，他们的子子孙孙就在这里安居乐业了。

还有一个重要的移民群体就是商人。随着南丝绸之路的开通和唐蕃古道的兴起，一批批晋商、陕商等随着马帮的蹄声，踏响河湟大地，给这里带来丝绸、瓷器等日用百货的同时，也把这里的羊毛、皮货、肉类等畜产品带到了远方。一批批商人留下来，一个个商号建起来，门口招摇着他们的商号幌子，屋内拨动算盘，充斥着讨价还价声，他们的后代，也成了地地道道的河湟人。天南海北的人带来了五花八门的文化及习俗，不同的汉文化与这里的民族文化相互碰撞、交融，形成新的文化，逐渐被人们消化、接受，并且具有一定的民族认同感和自豪感。

千户营位于青海省东北部湟水河中上游的湟中西纳川。湟水河由西向东横贯县域中部，两侧形成多级河谷阶地。大小南川、大小康川、西纳川、云谷川、实惠沟等14条河流呈扇形分别从南、西、北三面山区辐集湟水，形成平坦肥沃的多巴、西纳川（拦隆口）、汉东川（汉东）、大南川（总寨）、小南川（田家寨）、实惠沟（西堡）、乩迭沟（李家山）等川道。这些地方气候温润，是湟中及全省的主要产粮区。多巴、拦隆口、总寨、汉东、西堡五乡镇在20世纪八九十年代被誉为湟中县的"五朵金花"，享誉县内外。

千户营是湟中县拦隆口镇的一个古老村庄，位于拦隆口镇政府南

1.5公里处，由千东和千西2个村民委员会组成，地处川水，东依西纳河，多巴至上五庄公路、大（通）湟（中）平（安）环城公路穿村而过。千户营静静地卧在湟水河北岸的西纳川中段，朴实勤劳的人们居住在传统的"一颗印"庄廓院里。早上厚重的大门"吱嘎"一声开启，他们肩扛劳动工具出门，到地里去劳作，或是去城里打工；晚上，随着一声关门声，家里动起了烟火，一个静谧的夜晚随之来临。千户营人的日子，简单而平淡，日复一日。只有到了正月里，新年来了，村里响起锣鼓声，响起鞭炮声，一年一度的社火表演就要开始了，而闻名省内外的千户营高台展演，也是社火里最出彩的一部分，年复一年，在西纳川上演了数百年。

西纳川，主要包括湟中县拦隆口、上五庄镇一带。东南起于多巴黑嘴，西北至上五庄水峡，西至拉沙，东与云谷川相接，方圆几十里，物阜民丰，统称为西纳川。

说起西纳川，先要从一个在青海历史上比较显赫的部族说起，那就是西纳部族。据《安多政教史》记载：西纳是姓氏，源于西藏四大姓氏之一的董氏，其又分白色天董为萨迦，黄色日董为西纳，淡红色地董为郭岭。曾有这样一种说法："人们的一半（特指藏族）属于董氏，董氏的一半属于西纳"，足见西纳影响之大。相传，西纳·多杰坚赞有两个儿子，名字分别叫西纳兰巴和西纳格西。西纳兰巴在西藏建立基业，后逐渐成为宗吉坚赞桑布和多杰仁钦官人支系，扎根于西藏。西纳格西在后藏萨迦读了许多经典，成为著名学者，后和西藏的三个佛法较高的喇嘛一同赴蒙古地区弘扬佛法，有缘拜谒成吉思汗，经过试比佛法，成吉思汗尊西纳喇嘛为师，地位一度显赫。后至元世祖忽必烈执政期间，西纳堪布西绕益西由于功绩卓著，在元代曾任中央"宣政院院使"，西纳喇嘛罗桑克被西藏地方政府授予"额尔德尼昂索"称号。在西纳家族驻牧地西纳川口黑嘴建有一座城堡，该城堡东西长约130米，南北宽约120米；城墙高9米，顶宽约2米，即为西纳下寺，为西纳昂索府邸。西纳部族的西纳喇嘛其族属遍及安多地区，西纳川一度成为西纳的政治宗教中心。

青海学者靳育德先生《老西宁肆·山水人文·西纳川》中记载，西纳族是西宁十三大族之一，它下辖十八小族，其香粮土地、驻牧山场甚至包括西宁及以西直至镇海堡、大小康缠、甘河、多巴、云谷川、大小山峡等地。明洪武十三年（1380），西纳族归顺明王朝后，朝廷对西纳族爱护有加，不但专赦界址，明确其管理范围，还赦封多巴禅师、光科尔国师、鲁尔加千户等，并赦封演教寺两处，以提高其政治、宗教地位。

明朝宣德年间（1426—1435），西纳喇嘛在西纳川中段的下营修建城池，建造了一座萨迦派寺院，取名西纳桑珠林寺，人们称之为西纳上寺，随之，地名下营也改称为上寺。

"西纳"原为姓氏，族人得势后，又成了这个家族的族号，随着宗喀巴创立的格鲁派的兴起和塔尔寺的创建，西纳喇嘛改宗格鲁派，西纳成为塔尔寺六族之一。明万历二十二年（1594），西纳国师班觉坚赞和国师班觉仁钦叔侄在塔尔寺出资出工负责兴建依怙金刚殿。清顺治六年（1649），西纳·勒巴加措在塔尔寺创建密宗学院，并修建府邸尕哇（行宫），

千户营广场塑像《魁星点元》

人称西纳殿。西纳家族对塔尔寺的修建做出了很大贡献，其显赫地位一直延续到清朝后期。同时，西纳的驻地川道也有了一个响亮的名字——西纳川。川道中间有河流纵穿而过，称之为西纳河。

西纳川长达二十多公里，以"营"为村名的村庄有十几个，这种命名方式在河湟谷地是比较少见的。究其原因，这种现象与西纳川特殊的地理位置有关系。西纳川北通水峡，水峡往西又与海晏相通，古时候是一条西宁去往青海湖地区的孔道。公元16世纪初，盘踞在青海湖地区的"海虏"（西海蒙古之蔑称），时常成群结队攻掠河湟地区，对西宁造成威胁。为防御"海虏"侵扰，曾在青海湖东通湟水谷地的各要隘修筑土边墙（长城），"峡榨"，连筑寨堡，"以备夷骑"。在西纳川修筑剌尔宁、剌撒尔、锁思党等峡榨九处，说明西纳川的战略地位特别重要，专门设立军营来防御西海蒙古进犯西宁，留下了图巴营、伯什营、麻子营、合尔营、勺尔营、上寺合营、铁家营、班仲营、千户营、端巴营、札什营等名字，这些都是明朝的军屯营。

《青海省湟中县地名志》对千户营的脚注为："据《西宁府新志》载，明洪武十三年，西纳族归附后，授国师指挥，设千户，故名。"

今湟中县多巴镇指挥庄村、国师营村等皆是因官职、驻军而得名。拦隆口镇千户营的得名也与此相关。据千户营老者讲，千户营曾驻过一位千户老爷，筑城池，设衙门，管理这一地区的日常事务……只是具体情况已湮没在历史的烟尘里，已无从考证，只有从一些乡间轶闻和千西村残留的一段厚厚的老城墙根的夯土层上，可以窥见千户营本来面目的一斑。

[第二章]

· 社火春秋 ·

正是这些源源不断的人口西迁,把一些内地的民间传统文化,诸如社火等陆陆续续带到了河湟地区。河湟人把社火表演叫「耍社火」,是每年春节期间自发举行的娱神娱己的民间文化娱乐活动。

正是这些源源不断的人口西迁,把一些内地的民间传统文化,诸如社火等陆陆续续带到了河湟地区。河湟人把社火表演叫"耍社火",是每年春节期间自发举行的娱神娱己的民间文化娱乐活动。大多数以村庄为单位演出,如果几个村庄共同供奉一座火神庙,那这几个村庄就共同演出一台社火。旧时社火"身子"均由男性扮演,1949年后,男女老少均可参加社火队进行表演。一般在春节前各村庄就开始排练节目,正月上旬过了初七,各村相继开始出演社火。千户营正月十三"出灯官",开始社火表演,正月十四休息一天,正月十五、十六社火演出达到高潮,演完十七的黑社火,一年的社火演出就告一段落。

社火按节目表演的空间高低分为地面社火和高空社火两种。

在叙述地面社火之前,有必要先对河湟社火做一介绍。

地面社火是相对于社火中的高跷和高台而言的。关于河湟社火的起源,众说纷纭,莫衷一是,但有一点是可以肯定的,那就是社火最初始于民间祭神娱神,从民间兴起,通过多年的发展演变,才发展成为今天的样式。

舞狮表演

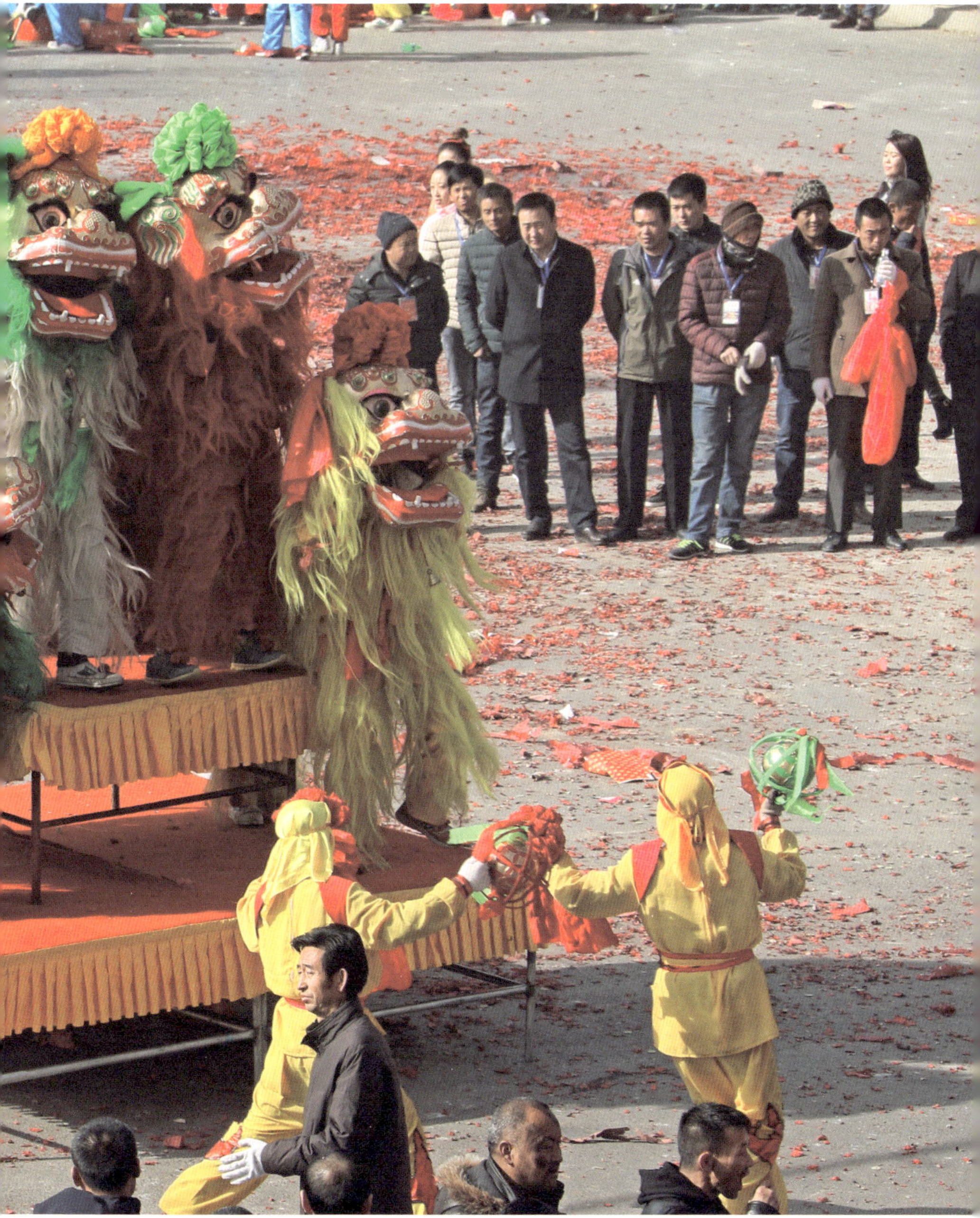

社火一词最早出现于宋代，范成大《石湖集》卷二十三载："轻薄行歌过，癫狂社舞呈。"并有注解："民间鼓乐为之社火，不可悉记，大抵以滑稽取笑。"这是社火记载的最早文献。人们对社火的起源有两种观点：一种观点认为社火源于秦汉时期的百戏或戏曲，盛行于唐宋；还有一种说法，社火主要源于古代祭祀活动，是古代祭祀土地神和火神活动的延续。

　　宋代孟元老《东京梦华录》之八《六月二十四日神保观神生日》载："天晓，诸司及诸行百姓献送甚多，其社火呈于露台之上，所献之物动以数万。"这是社火与神事活动关联最早的文字记载。另外，我们从社火活动常遵循的仪轨中也可窥见与之相关的蛛丝马迹。如演社火前表演人员先要到火神庙拜神，然后指定所扮演的角色，群众称"身子"（神祇），在演出中要始终保持"神祇"的身份，并以此约束自己。演完社火后又要去火神庙"卸身子"（即"谢神祇"）。按旧习，每个角色代表一方神祇，从"四圣朝西"、关公、姜子牙、罗汉等"正神"，到胖婆娘、哑巴之类的"草头神"，据说都是请下来闹太平的。

　　元明清时期，社火的演唱已经非常盛行，形式和内容与现在差不多。旧时达官世家，常有接社火某角色到家里表演的习俗，称"禳踏"，以辟邪禳祸，也有讲究排场，图取吉利之意，这种被称作"接社火"的习俗目前在民间仍然存在。再如，装扮的"大哑巴"用棍子轻轻敲打，意为"捽病"，有的妇女特意抱着自己的孩子来让"大哑巴"敲打，大哑巴一边蹦跳，腰间铜铃"叮当"作响，一边举起短棍，对孩子从上至下轻轻地敲打，以图驱病禳邪，护佑平安。群众将一些纯朴、善良、诙谐、幽默的形象，如"船姑娘""胖婆娘""大头罗汉""傻公子""哑巴"等揉进了社火，逗趣生乐，雅俗共赏，社火表演充满轻松、明快、诙谐和幽默。

关于社火的起源，河湟地区曾流传着一个耳熟能详、妇孺皆知的经典传说：相传春秋战国时期，某年腊月三十，楚庄王外出回城途中，突然遭到敌军包围，为安全突围，他听从臣子的计谋，以"活享一品俸禄，死封庙祭的灯官"重赏，寻找了一个与楚庄王面貌相似的牧羊人作"替身"。经过一番乔装打扮，只见他身着龙袍，头戴王冠，骑高头大马，全似楚庄王的銮驾，趁着夜色朦胧时突围。一路上，那"替身"好不威风，前有探马来回报信，多名武士开道，后有男女歌舞班子随行。而楚庄王扮作哑巴，天聋地哑，脸上涂抹着锅墨，反穿着牧羊人的皮袄；王妃则满脸涂着黑斑，装扮成麻婆娘，身边有乔装改扮的武士暗中保护，混迹于随驾逃难的百姓之中。当他们与敌人相遇时，楚庄王及王妃安全脱身，而"替身"则被敌人当作楚庄王，一路追杀。"替身"仓皇逃命，慌不择路，闯入一户人家，溜进马棚，爬在槽头不敢动，乌纱帽也碰歪了，样子极其狼狈，好在黑暗中没有人看见。恰在这时，这家的主人摸进马棚，摸索着在槽头贴春联，误将"槽头兴旺"贴在了"替身"歪戴的乌纱帽上……后来，楚庄王做了春秋五霸之一的霸主，感念牧羊人舍身救主之恩，为履行诺言便留下年年出灯官、岁岁耍社火的惯例，一直演到了今天。

现今，河湟地区的社火已成为元宵节期间最普遍、最宏大的农村群众文化活动，颇受人们喜爱。

社火表演者先汇集到火神庙里，经过精心的装扮和化妆，然后拜火神，许愿心，祈祷之声不绝于耳。出场时，社火表演队伍的排列，基本按传说中楚庄王突围的故事安排。前稍有"报子"骑着挂满红绸的骏马或骡子，身背令旗，加鞭勒缰穿行于街巷，打探消息，来回禀报。后由标识"某某社火队"的横幅在前引领，鼓乐队紧随其后，锣鼓喧天，鞭炮齐鸣，紧跟的社火队伍浩浩荡荡、走街串巷，拉开一年一度社火表演的序幕。

灯官老爷是社火的总管，负责整个社火仪程。只见他歪戴官帽，前贴"槽头兴旺"，后贴"一品当朝"的字样，红脸美髯，手持鹰翅羽扇，身穿大红袍，脚蹬深腰高底皂靴，或躺在轿子里，被四个衙役抬着；或倒骑着骡马，有两名衙役牵马拽镫。每到一个地方时，灯官在锣鼓伴奏下，口中念念有词：

我老爷领了玉皇赦旨，王母金牌，佛家宝号，三教经文，踏赤云，跨火斗，来为人间降吉祥，赐福禄……

我老爷来了空不来，金银财宝带上来；我老爷走了空不走，病痛灾难带上走。我老爷带来三件宝：镇煞锣、太平鼓、扣风钹……

我老爷带来毛糙社火一台，场内外身子二百开外……

在社火中，有一个非常重要的角色是哑巴，前面说了，这是一个隐藏在民间的大"身子"，他的"神祇"很高，在社火中有很高的地位，最典型的特征是装聋作哑。哑巴满脸漆黑，头上反戴破草帽，反穿皮袄，半穿鞋子，手持一端绑有红布疙瘩的木棍，脖子上戴一串油饼，屁股被填充物绷得又大又圆，上拴一串铃铛，走路时胯部不停地、夸张地左右摇晃，铃铛发出有节奏的响声。在表演中，哑巴疯疯癫癫，忽前忽后，打场子，所到之处，一片惊呼，围观的人群纷纷向后退去。有些地方，哑巴不时将脚上的破布鞋抛向空中，人群一片喧哗。据说被哑巴的鞋子砸中，要交霉运，是不祥之兆，人们争相躲避。近年来，哑巴甩鞋子这一陋习已很少见到，只是哑巴看见漂亮、年轻的小媳妇，眼神迷离，神情怪异，常常会拿着木棍往她们身上戳，含义暧昧，常常吓得她们四处逃窜。

以上表演比较自由，称为社火的外场部分。内场部分是社火的核心，由舞龙、舞狮、扭秧歌、划旱船、踩高跷、跑竹马、鼓舞及各种灯舞、高台等节目构成。这部分演出内容一般有比较严格的规范，以舞蹈表演和造型展示为主。

社火是一种行进中的舞蹈，动作夸张、繁复优美、合乎节拍，即便在固定的场地，仍然踏着鼓点带有行进的意味。加上依靠队形的交错穿插，花样的更新变化，位置的时空变换，进中有退，不停地移动步伐、时进时退、徘徊向前、一步三回首，使有限的路途得以延展。

在一个村子里，社火表演的路线、地点比较固定，这是长期以来约定俗成的。一般包括村中火神庙、具有地标性质且宽阔的村寨广场、官方庭院、人群密集的地方及某些十字路口都成为社火汇集、集中表演的场地和舞台。

社火表演中，每个演员都要经过不同程度的化妆，穿着与平时不

班沙尔二月二高跷表演

同的服装，脸上涂抹各种油彩，如红脸的灯官、黑脸的哑巴以及满脸麻子、嘴扯到一边的喜婆（胖婆娘）等角色，都形成了固定的脸谱。在一般的舞台表演中，演员都要美化自己，使自己变得更加漂亮一些，但社火表演似乎有意识地违反这一规律，演员都尽量将自己装扮得更滑稽、更逗笑一些。甚至有的角色故意反串，男扮女装，女扮男装，给观众带来更多的愉悦，增加社火的娱乐效果，有道是"无丑不成戏"。

社火包容了儒、释、道等多家文化元素，内容庞杂，娱神娱人，敬天感地，在多元文化融合下产生了社火独特的表演形式：庄谐同台，雅俗共赏。众多内容的表演都可以纳入社火当中，社火似乎就是一个融多种说唱、舞蹈、杂耍、展示等内容的大型综艺节目，既包括舞龙、舞狮等模拟动物的舞蹈内容，包括踩高跷、划旱船、展演高台等具有神像巡游意味的表演活动；也包括扭秧歌、舞花棍、扇子舞、太平鼓等群体舞蹈表演；还包括胖婆娘、大哑巴、大头娃娃、光棍背老婆等粗犷谐趣形象的内容。

社火表演中许多演员都有固定的社火词，含蓄幽默，文白相间，也有的颠三倒四，极度夸张，但都有一个共同的主题，就是娱神娱人。

演员通过传统社火词诵唱或随即编词等形式即兴发挥，用诙谐风趣的语言，为观众带去美好的祝愿。千户营社火抬花轿表演中，甚至夹杂着粗俗的语言，这就如一些地方"青苗会"上"跳梆梆"的法师，互相戏谑，以机智、诙谐、夸张的语言博得神灵的愉悦，这叫"娱神"，同时也引起观众的欢心，引发观众阵阵哄笑。

李家山勺马营社火报子

舞台小天地，社火大世界。社火的表演性、普及性以及平时对人们的耳濡目染，人们对社火舞蹈动作都能比划两下、扭几下，对社火小调都能哼唱几句。农闲时节，人们常常聚在一起，跳跳扇子舞，扭扭秧歌，唱唱社火小调，都是极为惬意的事情。人们丰富了社火的内容，社火也给人带来极大的精神享受。

社火表演中与地面社火相对应的是高空社火，即高跷和高台。

高跷，民间俗称跷子，表演者将双腿分别绑在两根木杆上，木杆上部距顶端一尺左右的地方安装有一个小踏板，脚可以踩在上面。根据跷子的长短，大致可以分为两类：一类称低跷，跷子高一尺左右，末端穿绣花鞋，类似古代女子小脚上穿的鞋子，表演者的装扮与秧歌

表演者类似，只不过下身裙摆很长，盖住了跷身，只露出短短的半截跷子和下面的小脚。他们手持彩绸、华扇等道具进行舞蹈，风摆杨柳，舞姿轻盈灵巧，这种跷子也称秧歌，除脚踩半截矮跷外，其余与地面扭秧歌者并无二致，这种矮跷子在湟中小南川地区比较多见。另一类

千户营社火队扇子舞

与高台表演者类似,跷子高度大都在 0.5 米~3.5 米之间,湟中鲁沙尔社火队有几副跷子跷身超过 3.5 米(脚踏板下),是湟中地区最高的。在青海省海东市乐都区还有一种高跷,跷身高达 4 米,表演时,装扮一新的演员拖着两条沉重的木跷,行走艰难,平衡全靠两旁的工作人员用长杆"扶持"维系,这种高跷可谓把跷高做到了极限。高跷上的演员被装扮成各类神仙人物或传说中的英雄人物,身着历史戏剧人物的服装,根据人物身份手执不同的道具。一般扮演的有固定角色"老牛角""王妈",还有《西游记》《水浒传》《三国演义》《杨家将》《断桥》《盗仙草》《挑黄袍》《八仙过海》《包公赔情》等经典戏剧中的人物。在锣鼓、唢呐等乐器有节奏的伴奏下按"五行阵""对门连环阵""四方踏煞阵""双线八阵""双龙抱柱""双龙相会""二龙穿花""葵花图"等舞阵图式进行表演,美不胜收。

[第三章]
· 高台溯源 ·

在社火中比高跷更高、更玄妙、更具有观赏价值的要数高台表演。高台,各地名称各异,有高台、高抬、抬搁、飘色、芯子、彩擎、亭子、扎故事等各种称谓。其实形制大同小异,基本以高空绑扎小孩装扮人物为造型,以经典小说、传统戏剧、神话故事等为主要内容,以沿街巡游为主要形式,融戏剧、故事、装饰、绘画、剪纸、数学、舞蹈、音乐、物理学为一体的综合性高空造型艺术。

在社火中比高跷更高、更玄妙、更具有观赏价值的要数高台表演。高台，各地名称各异，有高台、高抬、抬搁、飘色、芯子、彩擎、亭子、扎故事等各种称谓。其实形制大同小异，基本以高空绑扎小孩装扮人物为造型，以经典小说、传统戏剧、神话故事等为主要内容，以沿街巡游为主要形式，融戏剧、故事、装饰、绘画、剪纸、数学、舞蹈、音乐、物理学为一体的综合性高空造型艺术。神奇美妙，观之赏心悦目，思之回味无穷，让人叹为观止。

高台的历史非常悠久，那究竟源于何时呢？又是在什么地方生根发芽的呢？由于源于民间，有关高台的记载非常少见，因此人们对高台的渊源及发展情况众说纷纭，莫衷一是。改革开放后，随着人们对传统技艺的逐渐重视，高台这一古老展演艺术重新迎来了发展的春天，一些文化学者也开始关注高台的源流问题，并做了一些有益的探索，认为高台这种艺术形式的雏形可追溯到两千多年前，先是对原始图腾、神灵的崇拜，发展到元末明初，高台基本形成一定的格局，那就是把装扮成各路神灵或崇拜的偶像化身用木杆或铁杆固定在一个平台上面，

千户营高台《哪吒闹海》　　　　　　　　　　　　　千户营高台绑扎

由人力抬着巡游街巷，成为让人们仰视的一种艺术形式。

　　翻阅浩瀚的典籍野史，在《国语》《武林旧事》《梦粱录》《陶庵梦忆》等文献中还是可以找到描述高台的只言片语。《国语·晋语四》载"侏儒扶卢"，韦昭注释为"扶，缘也。卢，矛戟之柲。缘之以为戏"。这里已经有高台的影子。

　　汉代"百戏"中的高朴技艺"寻橦"，直接孕育了高台的雏形。唐宋时期是高台艺术的发展阶段。唐代国力强盛，文化繁荣，思想活跃，老百姓的文化娱乐活动丰富多彩。至宋代，民间流行"高台社火"，以巡游的方式表演民间歌舞和杂技，后来演化出用人物造型来表现主题的艺术形式，这是高台的前身。南宋周密所撰的笔记类文献《武林旧事》中这样记载高台："有以木床铁擎为仙佛鬼神之类，驾空飞动，谓之抬阁。"抬阁即高台，从"木床"（木质台柜）、"铁"（铁芯、铁杆）、"擎"（支撑）、

"仙佛鬼神"(扮演的人物角色)等信息可以看出南宋时高台的基本模样，与我们现在看到的高台如出一辙，只是以祭祀朝拜为主要功用的高台，逐渐演变为以娱乐为主的群众性游艺活动。

明代刘侗、于奕正《帝京景物略》载："又夸儇者，为台阁。铁杆数丈，曲折成势，饰楼阁崖水云烟形，层置四五我婴，扮如剧演。其法：环铁约儿腰，平承儿尻，衣彩饰其外，杆暗从衣物错乱中传。下所见云梢烟缕处，空坐一儿，或儿跨像马，蹬空飘飘。道旁动色危叹，而儿坐实无少苦。人复长杆掇饼饵频频咦之。路远，日风暄拂，儿则熟眠。"详细地记载了高台表演从铁杆(铁芯子)的高低，婴孩绑扎的数量、绑扎的方法，到悬浮在高空的状态，再到小演员吃食物、打瞌睡等细

多巴高台《哪吒闹海》

千户营高台《四大美女》

节处详尽地描述了高台艺术的状貌，是非常珍贵的资料。到清代时高台空前鼎盛,遍及全国各地,江南地区尤为突出。清代高台演出的盛况，从同治七年(1868)《双玉燕传》弹词中可窥视其规模：

二十四架台阁接得长，

喧天锣鼓奏笙篁，

扮的是全本《和番记》，

尽是儿童妆扮貌轩昂……

民间关于高台的渊源众说纷纭,各地有各地的传说,主要有神灵祭拜说、"行像"说、"抬歌"说、"晒孩儿"说、劳动生活娱乐说、传入说等几种。

由于以前自然灾害频发，人们对许许多多的自然现象不甚了解，对一些发生在身边的灾难不知所措，认为是"上天"或"神灵"的意愿，于是遵从、讨好、崇拜神灵，以求护佑。先是寻找一种能够代表神灵的物体，赋予神性，顶礼膜拜。后来寻找一种能接通神灵的中间力量，通过这种中间力量来接通神灵，便产生了"阴阳""法拉"等专业司神的职业,在这些"神职"人员的演绎下,一批批神祇产生了,这些"神祇"被供奉在高高的神龛或寺庙里，享受人间香火，接受平民百姓的祭拜。而在某种时刻，因为某种需求，一般要将神像或代表神灵的物件请出来，供奉在更加开阔的地方，接受更多人的祈祷，甚至举行巡游活动，目的是使神物到各处驱邪除疫，禳灾避祸，给更多的人们带来吉祥福气。同时，通过巡游活动，表达人们欢乐喜庆的心情。在车子这种交通、承载工具还没有普及之时，移动稍大的物体必须要肩扛手抬，且需要制作简单的框架或台面，把供奉物安置在上面，由2～4人或更多人共同用力，抬着神灵巡游。

代表神灵巡游的物体大致有三类：第一类是神像，用泥、木等雕塑成类似人的形象代表神灵；第二类是神物，就是代表神灵的某种物件，如神灵牌位或其他赋予神性的物件，以及传说中神灵使用过的某种兵器、法器等；第三类是人扮的神像，踩高跷和高台就属于这一类。中国的扮神活动，在发展过程中逐渐被世俗化了，带有更多的表演成分。但在一些地区，这些活动仍保留着"神"的痕迹。"装了身子"之后，他已经进入了角色，不能胡言乱语，要保持一定的"神格"。这与原始巫术中的降神活动或神祇附身相类似。

传说很早以前，玉皇大帝听信谗言，说蒲州城里的老百姓不安分守己，偷盗抢劫、杀人放火、虐待老人，触犯了"天条"，玉帝下旨让哪吒带领司火神等一行人，下界调查核实，如果情况属实，在正月十五夜里趁人们睡觉时火化蒲州城。

正月初十，司火神来到蒲州城暗访，恰巧看到的都是一些坏人，他们杀人越货、假公济私、贪赃枉法、制造冤案，司火神非常气愤，准备上天禀报实情。他走了一整天，又累又渴，想到人家里讨一碗水喝，又怕人在水里投毒，坐在树荫下休息，看到从城门外过来一个年轻妇人，肩挑一担清水，司火神口渴难熬，想到妇人刚挑来的水，应该是安全的，就向妇人讨要水喝。那妇人看了看这个白须白发的老者，放下担子，拿起木勺要从前边的桶里舀水，司火神多了个心眼，就说我要喝后面木桶里的水。妇人说，后面桶里的水不能喝。司火神说为什么，不是一样的水吗？我就要喝后面桶里的甜水。妇人说，后面桶里的水真的不能给你喝。司火神感到很蹊跷，疑惑地看着妇人。过了半天，那妇人说，实话对您说吧，我们这里吃水非常困难，水很珍贵，前面那桶水是我在城外攀岩爬崖，从石泉里接来的，是专为我家老公公喝的，是甜水。后面桶里的水是一条碱水沟里打来的，是我和丈夫喝的，又咸又涩不好喝，我看您年岁已高，故而让您喝前面桶里的甜水。

司火神恍然大悟，说道，我明白了。司火神喝了前面木桶的水后，精神倍增，辞别妇人，化作一阵清风不见了。

随后将此事报告了三太子哪吒，哪吒知道世上还是好人多，心生怜悯，就转告司火神告诉老妇人："正月十五晚上，你们全家不要出远门，月亮刚升上来时，就在你们家里挂起花灯，门前燃起几堆火，可保你们全家安全。"

正月十五晚上，那妇人和丈夫早早在自家门前堆起了柴草，并把这一消息悄悄传递给了一些好人家。待月亮升起时，妇人点燃了火堆，随后蒲州城的四面八方都有火光亮起来，原来妇人的消息早已一传十、十传百地传开了，家家户户都在门前燃起了柴火。这时哪吒带领司火神等奔赴蒲州城上空，意欲作法降火，只见蒲州城内火光冲天，一片火海，司火神匆匆喷出几条火舌，收了法宝，上天复命去了。

次日天刚亮,蒲州城的大街小巷留下了一堆堆柴火的灰烬,却有几户平时作恶多端的恶人家被无名大火焚烧为一片废墟。人们很快知道了这件事的原委,都感悟到干坏事是没有好下场的,一些侥幸逃脱惩戒的恶人听后胆战心惊,从此改邪归正,再也不做为非作歹的事情了。

老百姓为了感念哪吒,便于每年农历正月十五晚上挂花灯、放焰火、跳冒火,用小孩扮演哪吒等"神祇",高高抬起,演起了高台。

甘肃省皋兰地区流行的铁芯子中,也可以看出高台神灵崇拜说的发展脉络。人们为表达一年里五谷丰登、六畜兴旺的喜悦之情,为感念先祖神灵的护佑和降福之恩,人们拜神祭祖,用面团捏成猪、羊、牛、鸡和各种人物造型,供奉于八仙桌上,焚香化表,顶礼膜拜。为了满足更多人的观瞻愿望,每年正月闹社火时将八仙桌与供品抬起来沿街游行,观者如潮。至清代末年,用面捏出的人物被七八岁孩童扮成的各种历史人物或戏剧人物所替代,这种由静变动、由"死"变"活"的形式,令人耳目一新。为让更多、更远的人们看清楚,人们想出办法,用铁器打造骨架为芯,固定在八仙桌上,桌上摆放献食供品为装饰物,桌底下坠以石头等重物为平衡物,制成铁芯子架,周围用彩色绸布装饰掩盖,并与铁骨架连为一体,分层有序地将戏剧人物造型的孩童固定在铁芯顶端,而裸露出的固定物则用彩带、花草及其他道具巧妙遮掩,给人以玄妙之感。表演时数名青壮年将桌子抬起,锣鼓在前开道,前呼后拥游行街市,热闹非凡,这就是皋兰铁芯子的雏形阶段。

"行像"为佛教用语,就是用宝马载着佛像巡行于城市街衢的一种宗教仪式。如每年藏传佛教格鲁派圣地塔尔寺六月大法会有"转金佛"佛事活动。用"行像"说解释高台现象，其功能主要为"娱神"，只是高台艺术发展到后来，"娱神"成分逐渐减退，"娱人"成分逐渐增多，并以除恶扬善、褒扬正义的戏剧故事为多。

在我们的生活中，一些超自然的力量或现象会引起人们的关注，甚至膜拜。历史上，一些名人由于某种机缘会在历史上留下惊世骇俗的一笔，久久不会忘记，甚至形成一种习俗，为人们传颂，如高台起源的"抬歌说"。

两千多年前的春秋时期，儒家学派创始人孔子，传说曾促成了河南省安阳地区高台的产生。那时候，安阳一带有一个地方人称为"干戈沟"，一度金戈铁马、狼烟四起，群雄逐鹿、战乱频繁。相传有一年，孔子周游列国途经此地，看到由于连年战争，土地荒芜，人们饥寒交迫，遂心生怜悯，想改变一下这个地方。孔子知道要想从根本上解除他们的疾苦，必须阻止战争，施行仁政。于是孔子携弟子小住几日，向该地村民宣讲"仁、义、礼、智、信"，讲人际和谐，他深感"干戈沟"地名不雅，就以老家曲阜之"曲"代替"干戈"，将其更名为"曲沟"，希望曲沟能远离战争，并与故乡曲阜结缘。孔子临行时，村民们击鼓相送，并选择善歌的孩童，由众人抬在桌上，边行边歌，起初之意是让远去的孔子回头仍能望到高桌上的歌者。后来，村民们在喜庆娱乐时，沿用这种形式，让歌者浓妆艳抹，身着鲜艳的服装，站在高台上歌唱，被人抬着走街串巷表演，称为"抬歌"。这种形式也可以说是高台艺术的渊源之一。

还有一种"晒孩儿"的传说。相传，清朝初期，云南省玉溪市通海地区为鼓励生育，发展生产，凡生有男孩的人家，到小孩周岁时，主人家喜欢把男孩固定在一张方桌上，摆放在自家的大门前面，设香案，等候乡邻前来庆贺，有时还抬着男孩在街巷里巡游，以示炫耀。据说，地方官员还要亲自前去祝贺，并赠以"百家锁"，以表示官方的盛意。随着时间的推移，老百姓大受鼓舞，以生育男孩为荣光，有的相邻的两家人同时生有男孩的，竟出现将两名男孩同时安置于一张桌子上抬着巡游的现象。再后来，有人就砍来弯腰树干固定于木架上，把男孩缚坐于树上，由人们抬着巡游，成为"土高台"。

我国是一个以农业为主的国家，长期以来，我们淳朴、勤劳的先祖在与自然的搏斗中，逐渐认识到了劳作的艰辛、丰收的快乐，创造了以苦为乐、苦中作乐的思维方式，从恶劣的自然环境和以人的弱小力量来角逐大自然，从中寻找战胜者的乐趣。长达数千年的劳动历程，是人们不断了解自然、改造自然，创造灿烂文化的历程，同时，教育着别人，也愉悦着自己。我们经常看到，人们把丰收的果实高高举起，以示成功的欢乐；人们把有作为的人抬起来，举起来，举得很高，甚至高高地抛起来，表示赞同与喜悦，这些表示兴奋的举动亘古以来就有。可以这样说，把自己的偶像和崇拜者高高举起来，表达心中的喜悦及尊崇，是一种人之常情。那我们说高台表演中，把神灵和英雄人物抬起来，置于一个高台上，达到一定的高度，让更多的人看见，让更多的人瞻仰、膜拜，甚至观赏一台色彩缤纷的群英盛会，不是水到渠成的事情吗？

还有一种说法，一些农民在耕田歇息的时候，把孩子绑缚在犁把上，随着犁身的摆动而摇摇晃晃，逗孩子取乐，以此解除田间劳作的疲劳。此情此景，莫不充满天然情趣，以致后来演化启迪出高台盛事，不是也有可能吗？

我们前面曾说过，中国历史上有几次大规模的移民活动，而小规模的移民活动从来没有停止过。这些移民活动不仅是人口的迁移，也带来了劳动技艺等方面的交流，为当地生产力注入了新的活力，更主要的是带来了思想、文化等方面的交流与融合，一些先进的文化随之在异地他乡落地生根，开花结果。

乐都高庙亭子（高台）《升官图》

在青海老百姓传说的移民文化中，就有青海社火由江南移民时传入之说，这样的例子也不少。据记载，河北省邢台市隆尧县泽畔抬阁（高台）系明永乐元年（1404）秋八月，山西洪洞县马姓兄弟移民至泽畔落户后，将山西故里一带民间社火带过来。泽畔抬阁源于元朝末年的扛神活动，后来逐渐演变为抬着活人化妆的神，由四至八人抬着，在街巷巡游，接受人们朝拜，这一习俗逐渐成为一项喜闻乐见的民间艺术形式。

综合各种资料、传说，可以肯定的是，高台艺术不是一朝一夕形成的，也不是某一地区的产物，在我国南方和北方的广大地区都有高台表演，尤其以中原、江南、东北、西北地区最为发达。它是人们在长期的实践活动中，对自然、神灵的一种理解，一种敬畏心理的集体诠释。

在西北之西的青藏高原河湟流域，不少地方的社火中也有高台表演，蓝天白云，人们擎起绑扎奇异的高台游弋在高天厚土之间，其中的"佼佼者"就是湟中拦隆口千户营高台。千户营高台历史悠久，绑扎技巧高超，以其独特的表演艺术和视觉冲击力给每一个观赏者留下了深刻的印象，那种伴随着锣鼓声，展演在村头巷尾，凌空舞动的高台艺术形式，早已成为千户营人挥之不去的、根深蒂固的乡愁情怀。一年一度的高台表演不仅是千户营人的正月狂欢，也成为青海高原乃至西北地区农村一道亮丽的风景线。

[第四章]
·千户营高台舞云端·

耍社火，闹元宵，同时也不忘那一套从江南带来的高台道具，或一整套装在脑子里的高台制作的精湛手艺，得把它们充分利用起来，在这苍凉、贫瘠的西北高原，在这河水潺潺而过的西纳河边，支起架子，涂抹油彩，舞动长袖，展演高台故事。就这样，高台随着社火在这空旷辽远的地方演了起来。

据千户营的老人们讲，千户营高台的历史可以追溯到明代洪武年间。当时，祖辈们从江南（南京）地区移民到青海东部这片荒芜之地，这些衣衫褴褛的迁徙者散落在河湟谷地的各个地方，日出而作，日落而息，几经流转，一些人在湟水北岸的西纳川千户营一带落户定居，与当地土著民族一起生活，把江南先进的农桑技艺融入到这里，放牧牛羊，经营稼禾。经过一段时间的休养生息，祖辈们记忆中耍社火的鼓点又在脑际喧响，便一点点地挖掘出来，灯官、哑巴、胖婆娘……一个个鲜活的"身子"在眼前摇晃，"咚咚锵咚咚锵"。终于有一天，几个有心人一商量，江南的社火就在这高原的湟水北岸耍了起来，耍的还是传说中楚庄王巧奔妙逃的故事。每年元宵灯节，千户营人扮成各种神灵在锣鼓乐器的伴奏下，从神庙里走出来，走街串巷，游走四方，以此祈福禳邪，祈求五谷丰登、风调雨顺、人民安康。

耍社火、闹元宵，同时也不忘那一套从江南带来的高台道具，或一整套装在脑子里的高台制作的精湛手艺，得把它们充分利用起来。

在这苍凉、贫瘠的西北高原，在这河水潺潺而过的西纳河边，支起架子，涂抹油彩，舞动长袖，展演高台艺术。就这样，高台随着社火在这空旷辽远的地方演了起来。

奇异的高台，热闹的场景，吸引着四里八乡的男女老少，由于围观的人越来越多、越来越挤，都想近距离看看装扮高台的神灵及偶像的尊容。等到扮演高台的"神灵""偶像"绑扎在一个架子上面，被人们抬起来上街巡游时，大家都看到了，赶忙一阵祭拜叩首……经过后来几百年的演变，千户营高台这种单纯的祭神活动开始向形式表演化和内容通俗化方向转变，演绎着一个个故事或传说，一代代相传至今。

千户营也有一种说法，据说青海的某些汉族在明代被充军发配的时候，几个高台艺人舍不得高台绝活儿，冒死偷偷地揹带《魁星点元》高台的部分道具过来了。笔者觉得有这种可能性，因为对于民间艺人来说，心爱的手艺及一些常用道具犹如生命的一部分，不到万不得已的时候是不会舍弃的。但笔者更相信这些千户营高台绑扎技艺是迁徙者头脑中装着"带"过来的，在一定的环境里从脑海中翻出来被激活，经过高原阳光的照射和高原风的吹拂，在这高原的天空下因了某种机缘，被有心之人复活，成为千户营高台。其与内地高台艺术有着千丝万缕的亲缘关系，这是确信无疑的事实。并在其长期的发展过程中，和当地文化进行碰撞、交融，融入了当地丰富的文化因子，形成带有地方特色的新的文化符号，逐渐成为今

2018年春节绑扎的《五虎上将》

天千户营高台这颗民俗百花园中的璀璨明珠。

姑且不说我们衣衫褴褛的祖先长途跋涉,越过万水千山,克服重重困难客居河湟谷地,也不说江南高台落户千户营是一种怎样的机缘,可以确定的一点是,千户营人绑扎的第一台高台肯定是《魁星点元》无疑。

在中国古代神话中,魁星,民间又称魁星爷,原为奎星,是主宰文章兴衰之神,乃天上的文曲星下凡,只因他相貌丑陋,连续三次科考状元皆未中,一怒之下将装书的木斗踢掉,投江而亡。民间百姓仰慕其才华,将他塑造为神:其发上翘,突目獠牙;右手高举执斗,左手前伸握有银锭;一足跷起,一足独立于鳌头之上;腰扎虎皮,袒胸露乳。

西安碑林藏魁星踢斗拓图

我国唐宋时期,科举进士发榜时,皇帝在殿前召见新考中的状元、榜眼等人。状元正好跪在飞龙巨鳌浮雕的头部位置。原指科举时代考试中状元,后泛指占首位或第一名,故有"魁星点元,独占鳌头"之说。明清之际大学者顾炎武改"奎"为"魁",故魁星神像头部像鬼，蓝面赤发，一脚向后翘起，如"魁"字的弯钩；一手捧斗，如"魁"字中间的"斗"字，一手执笔，欲用如椽之笔点定中试人的姓名。这样，一个形象为一赤发蓝面鬼，执朱笔，捧墨斗，一脚立于鳌头之上，一脚向后翘的魁星形象出现在中国文化之中。

西安碑林收藏有清代马德昭书画的著名碑拓《魁星点斗图》《魁星点斗刻石》，以儒家修养的标准"正心修身，克己复礼"八字组成魁星形象。左手托砚，右手执笔，一脚翘起托"斗"字，一脚立"鳌"字上，拼字巧妙，形象生动。千户营高台中，魁星蓝面赤发，身着红袍，一手捧砚，一手执笔，脚穿深腰高底皂靴，一脚立于高高竖起的鳌头（龙头）之上，一脚向后踢去，身后是红绸做成的圆形背光，象征魁星神格高大，在人们的心目中有着特殊的地位。

千户营村民马忠元老汉给我们讲了高台《魁星点元》的来历，一个流传于千户营很多年的故事，值得一说。

千户营由两个村庄组成，即千东和千西，千西村有一个自然村叫马家庄，马家庄有一个马老先生，人称龙太爷，当时是马氏家族的头人，有胆有识，略识文墨。有一天夜里，龙老太爷做了一个奇异的梦，梦见有一条似龙非龙，龙头龟身麒麟尾的神兽，头上还站立着一个蓝脸红发之人，从千户营东面的截山垭豁飞过来，落在了马家庄。龙老太爷梦醒后，觉得这个梦大有来头，认为是一个吉兆，但不解深意，遂将这个梦说与一位私塾先生，先生捻须颔首，半晌说这似龙非龙的神兽为鳌,是龙之九子之一,上面站着的应该是魁星,此梦应为"魁星点元,独占鳌头"的祥瑞。

从此,千户营人每年绑扎高台必有《魁星点元》,每年都由马家庄马氏家族负责绑扎,并且排在高台展演队伍最前面,从来没有改变过。而装扮的其他高台每年大多要变,出场的前后顺序还要靠抓阄决定,这在千户营已是不成文的规矩。

对"魁星点元,独占鳌头"的祥瑞,千户营人情有独钟,从这里也可看出千户营人尊崇儒学,渴望功名利禄的愿望。这也暗合传说中明朝天子脚下(京城南京)子民的崇尚文化和远见,只有考取功名,金榜题名,才能光宗耀祖。这也和中国正统思想一脉相承,传递着中国数千年以来的文化认同感。

我们企图还原千户营高台第一次出现在土巷里的情景:明代洪武年间,长途迁徙而来的人们在经过一段时间的休养生息后,垒灶搭屋,种植庄稼,养殖猪羊。一年的庄稼成熟后,为答谢土地的赐予和神祇的护佑,千户营人凭着记忆,置办社火行头。也许会翻出某件藏于包裹深处的高台道具等物件,或一顶演社火的袍子,或一件演高台的头饰或其他物件,在此基础上,他们又制作了一些服装和道具,等待着有一年元宵节,重新把高台社火演起来,让那些记忆中的锣鼓再次敲起来,让那些久违的空中舞蹈在春寒料峭的湟水河北岸舞起来。终于在某年的正月十三正式开演社火,正襟危坐的灯官老爷,满脸涂着锅墨的哑巴，窜上窜下说个不停的胖婆娘，还有一些装扮的高台"身子"，在锣鼓的敲击声里，郑重其事地祭拜神灵，开始上街巡游。这天，人们最想一睹风采的是传说中高台上的《魁星点元》，只见几人抬着的一个台面上，站立着像龙一样的瑞兽，兽头上站立着魁星，他右手拿笔，左手拿砚，一脚踩龙头，一脚向后踢着……人们一见，齐声欢呼，家有读书人的，给"魁星"焚香煨桑、披红挂彩、下跪叩首，口中念念

拍摄于1925年的湟源丹噶尔高台照片（柏立美 摄）

千户营高台《杨家将》

有词……

此后，只要是风调雨顺、五谷丰登的年份，在元宵节期间，千户营的村巷里都能看见一台高高在上的高台，在花花绿绿的社火队伍中分外耀眼。

千户营高台的资料一直是非常奇缺的，我们只能从千户营村老者的口中了解一二。至青海建省（1929）前夕，千户营高台的绑扎技术已经相当成熟，表演的故事除《魁星点元》亘古不变外，每隔几年，都要出一台新的高台，内容有神话传说，帝王将相、英雄故事，等等。我们从一幅1925年拍摄于湟源丹噶尔古城的高台照片中，可以大致了解到千户营高台那时的概貌。

美国传教士柏立美1921来到青海湟源传教，至1949年离开，在湟源丹噶尔生活了28年。期间，柏立美走过青海多个地方，用相机拍摄了很多张照片，定格了20世纪20～40年代丹噶尔及许多地方的政治、经济、文化和生活的瞬间。其中有一幅拍摄于1925年的丹噶尔高台照片，照片上共有两台高台，每台有两层，分别由两个小孩扮演。每台高台旁有两个手持"丁"字形木拐的人守护着，另有五六个抬高台的人站在高台旁边，高台的底座用粗重的木头做成，用绳子绑扎成一个方框的台面，上面站着一位新科状元，状元右手侧举，手中托着一个花篮，花篮上站着一位荣华富贵的公主。新科状元头戴乌纱，身穿蟒袍，俨然是《独占花魁》的故事。

民国初期，西宁镇总兵马麒在西宁曾调演千户营高台一次，因千户营高台造型高悬，寓意吉祥，获赏大洋30元的奖励。

1946年，湟中、乐都、民和等县高台到西宁演出，千户营高台技压群芳，引起轰动，被评为第一名。从此，千户营高台享誉全省，每

千户营三官庙门楼

年元宵节高台表演时，好多外州县的人为祈求孩子学业有成，专程跑到千户营，为高台"魁星点元"搭红、祭拜。

据83岁的千户营村民胡理凯老人讲，1933年，那年他只有6岁，被村里选准绑高台，那时每年出5台，有一人一台的，也有二人一台的，

打头的还是《魁星点元》。他连绑三年，其中有两年，千户营高台被邀请到上五庄新街和多巴地区进行表演，前来观看的群众人山人海，常常把前面的路堵住了，好半天才能够过去。记得那时的高台已经超过了两层楼房的高度。绑扎的时候用的是手指粗细的麻绳，把小腿紧紧地绑缚在榆木杆子上，一天下来，腿肚子、脚都麻木了……我们从丹噶尔城高台表演的照片和胡理凯老人的讲述中可以推测到千户营高台艺术也已达到一定的水平。绑扎悬妙，其装扮形象、表演内容、绑扎技巧已经非常成熟，呈现出了相当好的艺术美感，可与现代高台艺术相媲美。

1949年以后，千户营高台经过数十年的发展，已经深深地根植于河湟谷地、湟水中游北岸的西纳川千户营。高台和人们的生活息息相关，已成为千户营人春节期间社火表演的一部分，成为千户营周边人们喜闻乐道的、不可或缺的艺术形式。

随着绑扎、装饰材料的不断更新换代，绑扎艺人眼界的开阔，政府部门的大力支持等因素，为千户营高台的发展带来了新的发展机遇，千户营高台艺术有了飞跃的发展。好的发展机遇给千户营高台带来了新的要求，在多种艺术形式日益繁荣的今天，千户营高台保持传统的表演风格，摒弃丑陋的、不健康的、落后于时代的习俗，向着一个健康向上，既有娱乐性，又有教益性的方向发展。

千户营高台的组织和展演工作由千户营火神会来管理，火神会就设在千户营三官庙。

青海河湟地区很多村庄都有庙宇，一般是道教场所，有娘娘庙、关帝庙、三官庙等，庙宇常常供奉娘娘（王母）、关帝圣君（关羽）、三官（天官、地官和水官）等神位。

千户营社火的演出由千户营三官庙火神会组织管理。三官庙位于千西村马家庄，历史悠久，原庙在光绪二十一年（1895）被焚毁，后重建。2006年，千户营小学扩建，庙址西移，迁移到现在的位置。主殿坐落在一个一米五左右的台地上，平台正中有坐北朝南、面阔三间、进深两间歇山式大殿一座，主供天官、地官、水官，两旁供奉观音菩萨等神像。主殿两侧各有两间厢房，分别是火神会办公室和社火器具

行走在村道上的高台《精忠报国》　　　　千户营高台《独占鳌头》

储藏室。大殿和前面院落，由大理石栏杆自然地分为两部分，中轴线部位有台阶相连。院子东、西两面各有10间砖混结构平房，统一安装两扇铁皮大门扇，门扇上有墨笔编号，里面为各生产合作社高台库房。每间房顶前檐上面各有一个高一米左右的水泥墩，这是装扮高台时用的。院子为水泥地坪，平坦宽敞。大殿台阶下面中轴线上安置五层铸铁香炉，由白色大理石栏杆围绕。庙门为重檐歇山式门楼，东开无顶车门，是为方便高台及车辆出行专门设计的。门楼前面，有一面长约12米，高约5米的仿古砖雕照壁，中间形成一个小广场。

千户营三官庙内部设火神会，选举会头8人，每个生产队选出1人，都是由有责任心、有一定高台绑扎经验或有一技之长的男性成员组成。火神会成员负责庙宇佛像的供奉，庙宇的香火、布施、洒扫和日常的管护，以及各种庙会的筹办等工作。另外，火神会还有一个重要职能就是策划组织每年的社火及高台演出，包括经费的筹措，身子（角色）的确定，节目的排练，社火的出演，当年香火钱、布施钱的保管、使用及张榜公布事宜等。自然，作为千户营社火的重头戏，千户营高台演出的一切事务，均由火神会牵头负责。

据火神会会头（会长）张成贵介绍，由于千户营高台享誉省内外，常到外面参加比赛或展演，具体时间也不局限于每年农历正月时期。因此，火神会这个组织就有一定的局限性，经过各会头研究决定，成立千户营民间艺术协会，两个组织，一套人马，灵活机动，以艺术协会的名义管理高台演出,参加一些公益性演出,也可参加一些有偿展演,增加一点收入,添置高台道具或服装,使协会有效运转。

千户营包括千东和千西两个行政村,按土地承包前生产队的划分方法,每村各有4~5个生产小队,共9个小队,分别是马家庄、上山根、下山根、小河队、八达营、多哇营、堂堂营、大路队等。这些小队是20世纪七八十年代沿袭下来的,是聚集在一起,以共同生产劳动为基础的农户单位,后农村实行联产承包责任制,虽然各自劳动,但集体劳动的友情还存在着,各家各户之间依然保持着紧密的联系。尤其表现在村里举行文娱活动时,同一小队的人常常是最好的合作伙伴,我们姑且把这种合作单位称之为生产合作小队。

改革开放后,千户营高台演出的数量有所增加,至新千年时,高台总数达到19台,即马家庄负责装扮高台1台,其余9个生产小队各2台。具体到生产合作小队里,高台艺人分布又有不同情况,有的小队里绑扎艺人以某一家族为主,如马家庄的高台《魁星点元》由马氏家族的人们制作。

各生产合作小队都有1名队长及一些高台制作骨干人员,具体负责高台的设计和绑扎工作。一般情况下,按上年或以前的演出状况及群众的评价,来决定这一年沿用旧高台道具或是重新设计,依具体情况而定。如果沿用旧高台的支架和道具,不作大的改变,一些能用的饰品器物尽可能利用,只要进行适当的补充修改即可;如果不满足于以前的高台节目，想重新设计，就得动较大的动作，台柜可以重复利用，主杆及其他道具能利用的尽可能组装利用，没有的物件要重新设计。

新设计的高台剧目有必要做一定程度的保密，一般在某一人家的院子里秘密制作。到正月十三表演时，才露出庐山真面目，给大家一个意外和惊喜，让观众评头论足，并与其他小队绑扎的高台暗中做着竞赛。

千户营社火及高台演出的经费来源以前有庙田的收入，现在主要由村委会支持、民众布施香火钱等方式筹措，其中以民众布施香火钱为主。每年演社火前，村中各家各户、企业、店铺都会收到火神会的布施邀请函，然后根据自家的经济情况到火神会添香火钱，采取自愿，金额不限，从几十元到上千元不等；村委会每年也会拿出一定的款项，表示对社火演出的支持；镇、县及上级文化部门给千户营高台的专项资金，以及外出表演所得的奖金、劳务费等款项也是经费来源之一。

每年的每一笔捐款、香火钱等收入都要登记造册，由火神会会计、出纳负责管理，每一笔支出都要由火神会各会头研究通过，做到收支两条线，来龙去脉明细清楚。如果上年有结余则转至下年，社火表演结束，张榜公布各种费用花销情况，受到民众监督。

2018年，在三官庙西边新开辟三亩左右的院子，修建钢筋混泥土房屋十间，作为高台展室、办公室、库房等，屋顶上设置黑体大字，"国家级非物质文化遗产项目千户营高台"，作为千户营高台的制作、展示和研究基地。

[第五章]
· 扮古演今 ·

高台绑扎的内容非常宽泛，不仅包括神话传说，也包括古典文学、戏曲、历史掌故和现实题材，通过绑扎高台的形式，借古喻今，表达真善美和假丑恶，给人以遐想和启迪。

我们了解了千户营高台的总体面貌及其管理体制，下面将揭秘设计制作上的一些"不足为外人道也"的细节。在人物形象设计上，主要以传统戏曲人物形象为蓝本，尤其学习以流传在陕、甘、青地区的秦腔戏曲人物来装扮。生末净旦丑，样样俱全；男女老少，个个在行。在反映一个故事时，人物形象是第一位的，人物形象要根据所要表现的内容、情节来筛选、提炼，在人物形象上下功夫，把某一情节定格下来，通过想象不断丰富、不断完善，使这一定格的瞬间鲜活起来，丰满起来，充满动感，呼之欲出。

如高台《哪吒闹海》这场戏，要表现哪吒初生牛犊不怕虎、勇敢无畏、天真不知世间人事的性格。千户营高台艺人抓住了哪吒擒住东海龙王三太子这一瞬间，突出了高台的"高"这一特点，塑造了一条金龙，从大海深处腾跃而出，水花四溅，龙身盘旋缠绕，似有千钧重荷压在上面，高高昂起的龙背上，站立着头扎两个冲天髻，手握乾坤圈，肩披混天绫的小英雄哪吒。龙身的蜿蜒高大和哪吒矮小的身子形成鲜明对比，反衬出哪吒的莽撞、天真、勇敢和艺高胆大来。

千户营高台的内容选材非常宽泛，不仅包括神话和民间传说，也包括中国古典文学和戏曲、历史掌故，还包括反映现实生活及本地风土人情的内容。

神话传说是上古时期人类对自然中的事物赋予一种神秘感和超自然的力量，是对自然、人类的生活缺乏客观、理性认识的表现。人们常常通过主观臆断来认识自然，了解自然，解释事物的来龙去脉。神话传说是流传在街坊里弄的一种口头文学形式，为人们喜闻乐道，在长期的流传过程中，虽然已形成一定的模式，但是可塑性很强，艺人们可以通过自己的理解来塑造自己心目中的形象。同一神话题材，在不同的艺术领域，由于表现手法不同，塑造出来的形象也千差万别，各具特色。

如《魁星点元》，这是千户营高台的主打内容之一，也是千户营高台的肇始之作。这是一个神话故事，魁星原指北斗星，《史记》曰："魁，斗第一星也。"魁也为第一的意思，"魁星点斗，独占鳌头"是旧时对科举高中状元的美称。魁星被人们尊称为文运之神。千户营人虽然识字不多，但仍以耕读传家为本，不忘诗书礼仪，人们常常对自己的后代寄予很高的期望，希望能够通过苦读求学求取功名，光宗耀祖。所以，出高台时，家有学子的人家，在家长的带领下，给装扮一新的《魁星点元》高台披红挂彩，焚香祈祷，祈愿学子学有所成。这和西宁周边有的居民在孩子临考前夕前往西宁南酉山拜文峰塔（塔内供魁星、文昌）一个意愿。虽然具有隆重的宗教色彩，却表达了人们心中的美好祈愿。

又如高台《嫦娥奔月》，嫦娥原为帝喾的女儿，曾射下九个太阳而闻名的神射手后羿的妻子，容貌非凡。《淮南子·览冥训》中说，后羿从西王母处请来长生不死之药，嫦娥偷吃了这颗灵药，成仙了，身不由己飘飘然飞往月宫，住在凄清而荒芜的广寒宫内，度着无边清冷和寂寞的岁月。

现代版《嫦娥奔月》说嫦娥经受不住天上自由自在生活的诱惑，趁后羿外出狩猎，独自吞食了不死药。嫦娥由于背弃丈夫，怕天庭诸神嘲笑，就投奔月亮女神常羲，想在月宫暂且安身。可是月宫空无一人，出奇地冷清，她在漫漫长夜中咀嚼孤独、悔恨的滋味，慢慢地变成了月精白蛤蟆，在月宫中终日被罚捣不死药，过着寂寞清苦的生活。李商隐曾有诗感叹嫦娥："嫦娥应悔偷灵药，碧海青天夜夜心。"

通过这个凄婉的故事，教育人们切勿贪婪，否则，就会引发严重的后果。当然，这则传说也是中国老祖宗较早时期对"天"的探索和认识。千户营高台装扮这样一个神话人物，不仅展示嫦娥绝美的仙容仙姿，也蕴含着丰富的人文思想。

用高台这种艺术形式表现这类神话题材，人物仙容仙姿、衣袂飘飘，配以珍禽异兽、奇花异草装饰，视觉效果甚佳。神话题材的高台还有《西王圣母》《后羿射日》《三星高照》等。

民间故事是一种流传于民间的口头文学形式，口授心传，内容通俗易懂，为人们喜闻乐道。千户营人把民间故事题材搬上高台，用高台的形式展演出来，具有一定的教育意义。

比如,中国传统四大"民间故事"的《梁山伯与祝英台》《孟姜女》《白蛇传》《牛郎织女》等素材,都在千户营高台上扮演过多年。《牛郎织女》的故事讲述穷苦孩子牛郎和出身高贵的织女因一个偶然的机缘相识相爱,发展到彼此不可分离,却被王母硬生生阻隔在天河两边,一年只有在农历"七月七"这天在鹊桥相会一次。由于两人的家庭、社会地位悬殊,有情人被阻隔,爱情被打入冷宫,封建家长制的专制,酿造一场千古悲剧。就是这样一个故事,蕴含着诸多现实意义,如王母的封建门第观念,牛郎的单纯执着,织女为追求幸福不惜放弃高贵与单调无聊的天宫生活的个性,与王母抗争的勇气。里面还加入了民间对牛郎织女爱情的支持和赞扬,表现在牛郎的老牛甘愿牺牲自己,让牛郎披着牛皮上天追寻织女,普天下的喜鹊自愿在"七夕"这天千辛万苦汇聚到天河上面,搭成一座鹊桥,让牛郎和织女在鹊桥上相会。相传这一天极少看到喜鹊,说喜鹊都去天河上帮忙了,这个传说深入人心。

类似的还有《劈山救母》,凡间学子刘彦昌和天上王母之女三圣母相爱,生子沉香,就在他们享受天伦之乐的时候,无情的天兵天将带走了三圣母,为惩罚三圣母违反天规戒律,私自下凡与凡人婚配,将其压在华山底下。其子沉香不畏千辛万苦,学得一身武功,在诸多神仙帮助下,终于用神斧劈开华山,救出三圣母,一家人团聚。

《刘海戏蟾》《妈祖》《精忠报国》《月老赐婚》等很多民间故事,都搬上了千户营高台的表演舞台,他们通过不同的故事,讲述着不一样的内容,告诉人们不一样的道理,这些家喻户晓的故事不仅有一定

2016年春节李富先乡扎的高台《封神榜》

的观赏性，还蕴含着深刻的教育意义。

一般情况下，千户营高台选择装扮的人物形象以正面形象为主，追求一种直接、朴素、向善的审美取向。

经典小说、古典戏曲和历史掌故也是千户营高台内容的来源。中国有几千年的文明史，自文字产生以来，文学艺术也逐渐发展繁荣起来，产生了一大批名留青史的作品，其中诗歌是伴随着神话传说之后最早成文的文学形式，如《诗经》《离骚》等经典作品，就有很多形象占据中国文学的一席之地。还有很多古籍文献及小说、戏曲也给后人奉献了一大批经典的文学形象。

千户营人有足够的选择空间，从这些烟波浩渺的文献古籍里寻找

多巴高台《三英战吕布》　　　　　　千户营高台《哪吒闹海》

扎麻隆高台《嫦娥奔月》

到自己喜欢的故事，作为自己绑扎高台的素材和蓝本。刘歆的《山海经》，干宝的《天仙配》，扈蒙、李穆等的《太平广记》，陈仲琳的《封神演义》，吴承恩的《西游记》，罗贯中的《三国演义》，施耐庵的《水浒传》，冯梦龙的《东周列国志》等经典名著，还有《杨家将》《岳飞传》《薛仁贵征东》等传奇；清代方成培的《白蛇传》、无垢道人的《宝莲灯》、蒲松龄的《聊斋志异》等古典神魔小说，以及清代褚人获的《隋唐演义》等传奇小说，在民间早有不同版本在流传，一些精彩的故事和人物形象早已深入人心。经典名著最为人们所钟爱，几乎每年的高台都要上演《西游记》《三国演义》《封神演义》里面的精彩故事。如《西游记》系列之《真假美猴王》《三打白骨精》《三借芭蕉扇》《哪吒闹海》等，《三

千户营高台《大美青海》

国演义》系列之《桃园三结义》《三英战吕布》《关公保二嫂》《五虎上将》等，《封神演义》系列之《封神榜》《姜太公》《赵公明》等，有些剧目逐渐成为千户营高台经典的代表性剧目。

应该说戏剧文学、戏曲形象对千户营高台剧目装扮的形象和内容影响最直接、最深刻、最广泛。中国优秀戏曲《西厢记》《牡丹亭》《铡美案》等故事中的人物形象鲜明生动，爱憎分明，为千户营高台素材库源源不断地输送着艺术养料。如《桃园三结义》这台高台剧目，内容初次出现在陈寿的史志《三国志》里，后经罗贯中发展演绎，"三国"中"桃园三结义"更具有平民色彩。刘、关、张三人相识于市井，以"不打不相识"的方法结拜为兄弟，他们看重兄弟情分，生死相依，对中国民间友情、亲情具有相当的影响力。人们常以这种标准衡量友情，但真正达到这种境界的却凤毛麟角，让人们感叹再三，人们期盼这种友情，崇拜这种友情，把这种友情当作至亲、至纯、至爱的标准来呼唤。传统戏曲又从这些经典里汲取养分，以戏曲的形式在舞台上呈现出来，以直观的、形象的、丰富的舞台形象，把这种人间友情演绎得淋漓尽致。

千户营高台内容多取材于这种直接的戏曲艺术，学习和借鉴戏曲的装扮及化妆等技巧，把原本在舞台上表演的故事搬上高台，使这种"动"的说唱艺术变为"静"的展演艺术，让人叹为观止。

千户营高台剧目内容除了取材于神话故事、古籍文献和经典小说戏曲外，还有一部分内容取自真实的历史事件，取自民间流传下来的历史掌故。如《苏武牧羊》《唐蕃古道》等，内容均出于真实的历史。

唐蕃古道是1300多年前唐朝和吐蕃之间开辟的连接两个政治中心的政治、经济、文化的交通大道，是我国古代历史上一条非常著名的通道，是著名的文成公主远嫁吐蕃王松赞干布，走出来的康庄大道。这条大道的起点是唐王朝的国都长安（今陕西西安），终点为吐蕃都城逻些（今西藏拉萨），跨越今陕西、甘肃、青海和西藏4个省、自治区，全长约3000公里，其中一半以上路段在青海境内。在青海流传着许多关于文成公主的美丽传说，如《日月山》《日月宝镜》《藏王使者求婚记》等。

唐蕃古道被称作"文化运河"，千百年间，在祖国版图完整、民族团结、国家统一中起着举足轻重的作用。其中的主人公文成公主，肩负着民族和平的重任远嫁吐蕃，换来了唐蕃边界200多年的和平与安宁。文成公主进藏意义深远，给遥远的西藏传入了医药，启迪了农耕文化，把汉文化及一些掌握着一定技能的工匠带到了西藏，是和平的使者，也是汉文化的传播者，在汉藏文化交流史上，具有崇高的地位。千户营高台选取这样一个题材，不仅表达了对这位早在1300年前路过家门的大唐公主的崇敬，也表达了渴望民族团结、共生图强求发展的美好意愿。

生活永远是艺术的源泉。千户营人在不断的实践过程中，不时地把生活中有意义的生活片段装扮成高台剧目，通过高台的形式呈献给观众，这是千户营高台的一大进步，也为千户营高台拓宽了新的路子，是值得炫耀一笔的。取材于经典戏曲，把优秀的剧目复制过来，换个形式，"新瓶装旧酒"，无可厚非，但要保持经久不衰的艺术生命力，还要从多方面汲取营养，尝试通过多种渠道，来丰富、完善高台艺术。

各种艺术形式的改观和发展，都存在着一定的机缘，这种机缘也有可能潜藏着危机，会致某种艺术于万劫不复的境地，也有一定的机缘反而会给某种艺术发掘出另一番天地，开拓出一条光明大道。据千户营上了年岁的老人们讲，"文革"时期，传统戏曲被禁演，千户营社火也在禁演之列。作为社火重要组成部分的千户营高台何去何从，引起了千户营人们的思考，困则思变，人们顺应时代潮流，在装扮内容上做出调整，以高台的形式，绑扎上演《红灯记》《白毛女》《智取威虎山》《草原英雄小姐妹》《英雄儿女》《沙家浜》等剧目，这些具有浓重时代烙印的高台演出没有遭到禁演，还得到了人们的喜爱。生于1957年的村民罗启福在孩童时就曾装扮演出过高台《草原英雄小姐妹》。

千户营高台在继承传统剧目的基础上，顺应时代，表现时事，讴歌正能量，创造出具有现实意义的题材，成为千户营人思考的重要问题。2010年8月，作为第二批国家级非物质文化遗产保护项目的千户营高台，受省政府邀请，将代表青海省参加上海世博会。听到此消息，湟中县文化局组织千户营高台的绑扎艺人组建筹备组，选题上要突出地方特色和民族特色，还要结合青海是全国的江河之源、"中华水塔"这一重要地位，制订绑扎计划。经过认真准备，精心制作了《唐蕃和亲》《三江源》《哪吒闹海》和《在那遥远的地方》4台节目，亮相上海世博会，让无数观众啧啧称奇。

2017年春节，由国家级非物质文化遗产千户营高台传承人李富先创研的高台《封神榜》，整个造型呈倒金字塔形，分上中下三层，总高度7.5米左右，最下面是一座莽莽高山，山顶站立着身穿黄袍、长髯飘飘的姜子牙。子牙右手高举打神鞭，鞭尖立白袍三目郎杨戬；左手执三角杏黄令旗，旗杆上顶一花篮，花丛中站立着身穿绿色战袍，扇动着巨大的双翼的雷震子，奇异的鸟喙、展开的双翼均显出精灵古怪的样子；杨戬的三尖两刃刀和土行孙的铁棒对接，雷震子的铁棒和哪吒的火尖枪交叉相接，两边兵器末梢，各悬挂着哪吒和土行孙，整体结构设计精巧，气势宏大，画面感极强。各路英雄各司其主，天上人间，展开正义与邪恶的较量，悠悠岁月，只留下神的传说，一股英雄气在世间流传。

2019年，李富先绑扎的高台《中国梦》，也称《海陆空》，长四米，宽三米，高达六米多，气势恢宏，由上、中、下三部分组成，下层为我国首艘航空母舰"辽宁号"，硕大的甲板上齐整地排列着等待命令的舰载机；中间一层为我国新研制的垂直起降战斗机，最上层为代表着海陆空的三名军人，英姿飒爽，威武阳刚，整装待发，象征我国强大的军事实力和长城般坚固的国防。

几年来，千户营高台艺人积极探索、大胆试验，研创出了具有青海独特地域特色和民族风情的新题材《高原白雪舟》《民族大团结》《环湖赛》《大美青海》《中国梦》等优秀剧目。新题材的拓展，将会对千户营高台的发展和传承有着积极意义。

千户营高台在几百年的发展中，内容涉及广泛，题材众多，据绑扎老艺人讲述，演出剧目应该有数百个。一个题材，可以年年绑扎，而每年的样子又不一样，服饰可以变，道具可以变，装饰的花草树木、飞禽走兽也在变，可谓千变万化，不变的是高台给予人们的艺术美感和更深层次的启迪意义。还有，根据《封神演义》《西游记》《三国演义》等经典作品的故事绑扎的剧目演出频率很高。

据粗略统计，1949年以后，千户营高台演出剧目有《魁星点元》《嫦娥奔月》《西王圣母》《牛郎织女》《劈山救母》《断桥相会》《梁山伯与祝英台》《刘海戏蟾》《月老赐婚》《封神榜》《精忠报国》《真假美猴王》《哪吒闹海》《三借芭蕉扇》《关公保二嫂》《桃园结义》《三英战吕布》《樊梨花征西》《唐蕃古道》《穆桂英挂帅》《李连贵卖水》《寇准背靴》《三娘教子》《草原英雄小姐妹》《英雄儿女》《金牛迎春》《骏马驰原》《三江源》《人寿年丰》《民族团结》《环湖赛》《中国梦》《大美青海》等近百个。

这些高台剧目都是经过数次的展演，经过创作和再创作之后，其形象及造型逐渐固定下来，成为经典性的剧目。还有一些高台剧目演出后反响不大或仅仅是昙花一现的，没有列入其中；一些年代久远的，如几百年前的高台剧目，随着时光的流逝，后来不再扮演；一些绑扎艺人一时灵机一动，创造出的新形象，其内涵意象心里有而口中无，没有具体名称的，这样的情况也不在少数；还有一些剧目随着时代的发展，其内蕴已不符合人们的审美需求的，自然被淘汰；还有一些过分宣扬封建迷信的，有违民族团结的，为后来人讳莫如深的，等等，都悄悄地消失在历史的烟尘里，被人们所遗忘。

[第六章]

"高台娃娃"与道具

千户营高台历经沧桑,在风风雨雨中一路走来,曾有多少千户营人与高台有着千丝万缕的联系。

千户营高台历经沧桑，在风风雨雨中一路走来，曾有多少千户营人与高台有着千丝万缕的联系。他们在六七岁的时候被选中做高台演员，在千户营，这些绑扎高台的孩子们有一个特殊的名称叫"高台娃娃"。高台娃娃的选定有多种情形，最常见的是"火神会"的会头在全村物色挑选小演员时被慧眼选中；还有一种是孩子家长为实现某种祈愿，自愿让自己的孩子来绑扎高台娃娃，以达到某种夙愿；也有家长有意要让孩子接受锻炼，以增长见识，故送孩子扮演高台娃娃。过去，有的人家的小孩子无故哭闹或生病，家长判断可能是沾了不干净的事物，会请法师禳解，并许诺病愈后装扮高台娃娃，以示还愿。

按照千户营的习俗，高台娃娃一般由 5～7 岁的小男孩扮演，除特殊情况外，通常要连续扮演 3 年，这个年龄段的孩子体重轻，有一定的自控能力。如果年龄太小，孩子在六七米的高空摇来晃去，承受不了。如果年龄过大，体重也会加重，影响高台的稳定性和安全性，由于大部分高台娃娃一演 3 年，少数孩子会演到 9 岁。比如实在找不到合适的孩子，在年龄上也会出现例外。有时孩子被绑束在半空中，

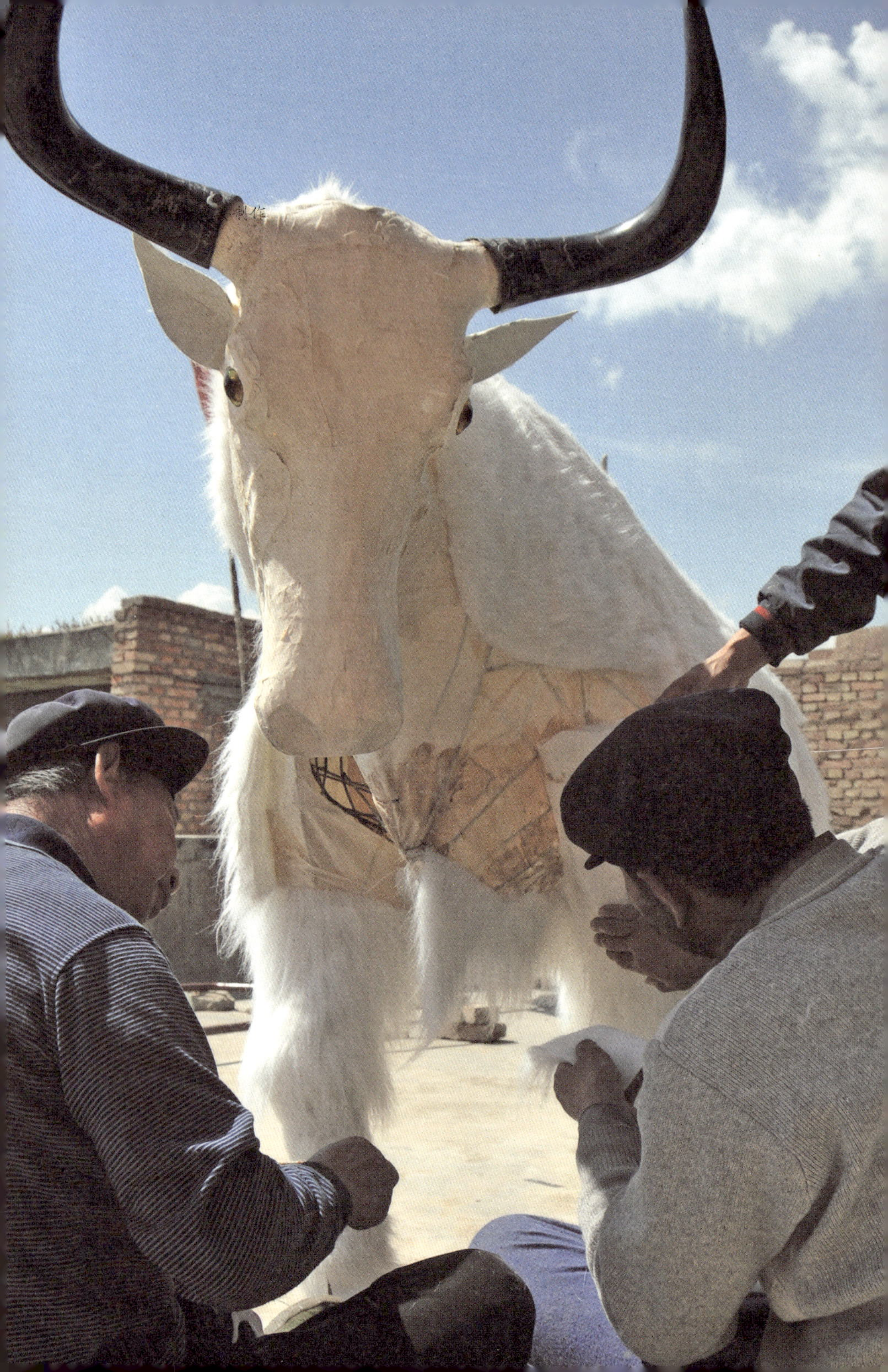

由于身体不舒服，或年龄太小，胆怯、惧怕而大哭不已，大人们也不会生气，会说"锣鼓不响，庄稼不长"还会说"高台娃娃不哭，不吉利"。

千户营高台娃娃全由小男孩绑扎，这与千百年流传下来的习俗有关。我相信在不远的将来，女孩也会登上高台表演的舞台。其原因众所周知，如今男女平等，男孩女孩都有装扮高台娃娃的权利，女孩也有这个能力。还有一个原因，正在促使女孩能真正登上高台娃娃的这个舞台。现实生活中，每家每户只有1~2名孩子，而千户营每年要出19台高台，每台高台的小演员2~5人，取中间数字，每年需要60名左右的男孩子要承担绑扎高台的任务。千户营共有9个生产合作小队，每个小队绑扎2台，2台高台需要6~7名小演员，这就造成了小男孩演员荒。有的生产合作小队缺适龄并符合其他条件的小男孩，这样就有了破格选用一些年龄偏大的或条件不太符合的孩子的可能，甚至出现到其他生产合作小队借用男孩的现象。这样的尴尬逼迫人们打破传统挑选演员的规范，去就地选拔合适的小女孩出任高台娃娃，想必千户营高台冲破这种思想藩篱将为期不远。而同样演出高台的多巴、通海已经冲破旧观念藩篱，男、女娃娃同扮高台

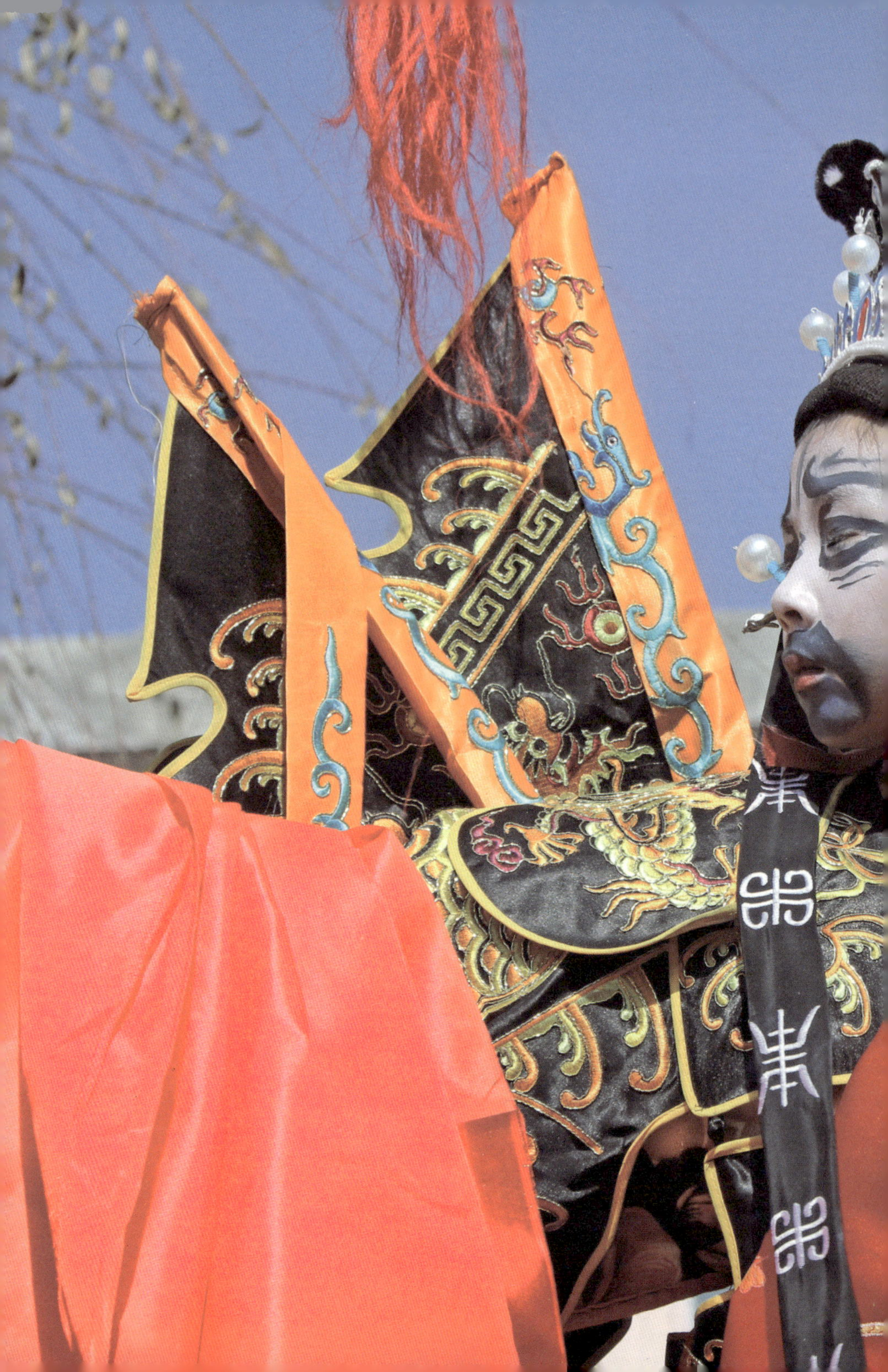

高台娃娃

娃娃，平分秋色。当然，以前只有男性才能表演的千户营社火队伍里，女子威风锣鼓队、扇子舞、老羊羔（女子反串）等女子方阵早已登上大雅之堂。

高台娃娃的挑选除了年龄和性别有一定要求外，还有一个要求，就是模样周正，方圆脸型，浓眉大眼，棱角分明，便于化妆，适合从远处观赏。

由于高台娃娃要绑扎在6~7米的高空中，再加上颠簸摇晃，胆小的孩子难以胜任这一角色，还要在寒冷的天气里表演四五个小时，确实对小演员有比较高的要求，这就要求绑扎高台的小演员具有胆大、勇敢、不畏高、不矫情、临高而神情自然等多个条件。

高台演员都是带妆表演的。按照不同的扮相，或略施粉黛，或浓妆艳抹，配以戏剧服装，被高台艺人用宽布带牢牢地绑束在高台架子上，个个花枝招展、裙裾飞扬、扮相可人，在空中舞成千百年的传奇。

近百年的高台台框和榆木插销　　　　架在房梁上的高台支架

高台人物主要以脸部化妆为主，俗称"打脸子"，也就是画脸谱，通过不同的色彩和线条构成各种图案，以象征剧中人物的不同性格和特质。例如，通过脸谱可以看出人物的忠奸善恶等性格特点。脸谱的运用在国剧——京剧中尤为突出，达到了出神入化的境地。而千户营高台脸谱秉承了西北著名剧种——秦腔的脸谱特征，在长期的发展过程中又形成了千户营高台自己的特点，线条疏勒粗犷，色彩淡雅凝重，清丽中透着灵气，简约中蕴含庄严。

　　高台的化妆同样承袭了戏曲中化妆艺术的元素，其中最有艺术特色的要数脸谱。脸谱的起源，可以追溯到原始社会的狩猎及巫术假面。在远古时代，因狩猎需要，人们发明了戴在脸上的装饰物，作伪装之用。后来在一些巫术活动中，由于某种需要，逐渐演变为假面具，巫师们戴着它载歌载舞，以进行人神之间的交流。汉唐时期，一些巫术假面逐渐演变为歌舞面具，出现在乐舞表演中。宋代，戏曲艺术蓬勃发展，歌舞面具逐渐演变为戏曲脸谱。自此，戏曲艺术对民间社火及高台产生了巨大影响，戏曲脸谱也直接影响着高台脸谱。

　　千户营高台脸谱通过化妆来陈述角色，通过脸谱、服饰及专用兵器暗寓角色的姓名、身份、本领、经历，人们通过这些元素能够轻易地辨认角色，并能联想到相关的故事。

　　千户营高台脸谱构图多循"忠公者雕以正貌，奸邪者刻以丑型"的原则，并配用不同的图案和色彩，以表示不同人物的性格和品行等特征。脸谱的谱式有对脸、破脸、碎脸、转脸等，最常见的是对称形

制作高台道具

和旋转形两种，细分有整脸、三块瓦脸、旋脸、两膛脸、象形脸、大白脸、二白脸、花四块等。

　　脸谱着色均有一定规范，颜色多用青、赤、黄、白、黑五种颜色。红色表示忠义耿介，如关羽勾红脸；黑色表示刚直不阿，如包拯勾黑花脸；白色表示奸诈阴险，如戏剧中曹操打白面。此外还以黄色表示干练，绿色表示凶狠，紫色表示忠谨，粉红表示忠直，金银表示神奇等。这就是人们常说的"红忠、黑直、粉奸、杂奇、金神"。

　　脸谱艺术是对高台艺术的升华，是具有深厚文化积淀的表现，在高台文化中占据着非常重要的地位。

　　一台玄妙精美的高台确立了某种"主题"，这就有了灵魂。有了故事的主角"高台娃娃"，还得有故事生成的"舞台"，此舞台非彼舞台，要用骨架支撑起来，这就需要台柜、支架、服饰和各种装饰物等道具的密切配合。在历史的长河中，千户营高台的制作经历了由低到高，绑扎人物由少到多，道具由粗陋到精美，绑扎程序由简到繁的过程。在这个过程中，制作高台的材料、制作工具发生了变化，尤其是金属管件的广泛应用，焊接技术的普及和运用，引发了高台绑扎的革命性变化。

台柜是高台的承重之物和基础，也是浓缩的舞台，要求结构紧凑，质量坚固，重心低沉而稳健。以前的台柜全由厚重的桦木和松木板制成。在千户营高台库房一角，笔者见到一个由榆木制作而成的台柜，台面中间，留有一个碗口大小的孔洞，一截榆木严丝合缝地安插在孔洞里，下面用绳子和撬棍撬紧，使二尺左右的一截榆木牢牢地固定在台柜上。榆木上端一尺左右的地方中间镂空，一侧开口，有一木条可活动，是为活动收缩设计的，榆木桩上套几个铁箍，可上下活动。榆木桩是连接主杆用的。在榆木的中间插入五六米高的主杆（铁芯），再插上木条和木楔，把大小不一的铁箍捋下来，往下砸，越砸越牢实，主杆被牢牢地固定在榆木桩上和榆木桩合二为一，成为台柜上面竖起的支架。

随着采访的不断深入，笔者在李富先老宅院中，看到了一副更为古老的高台台柜，只见它丢弃在北屋台地的一角，旁边堆满了早已废弃不用的高台支架及其他一些建筑工具，搬开这些东西，我看到了台柜的真实面目。这是一副非常简陋的木质台柜，尺寸比先前看到的略小一些，极像一张桌子，台面皲裂斑驳，四角卯榫连接着四条粗壮的腿，下面由横梁连接，四条腿均向外撇，中间留有一长方形孔隙，插有一段榆木杆子。杆子呈四棱纺锤状，中间粗两头较细，上头呈圆形，开凹槽；下头呈方形，可以销入下面横梁的方形孔眼里起到固定作用。这面台柜应该是千户营高台比较古老的台柜了，从材质和样式可以看

打脸子

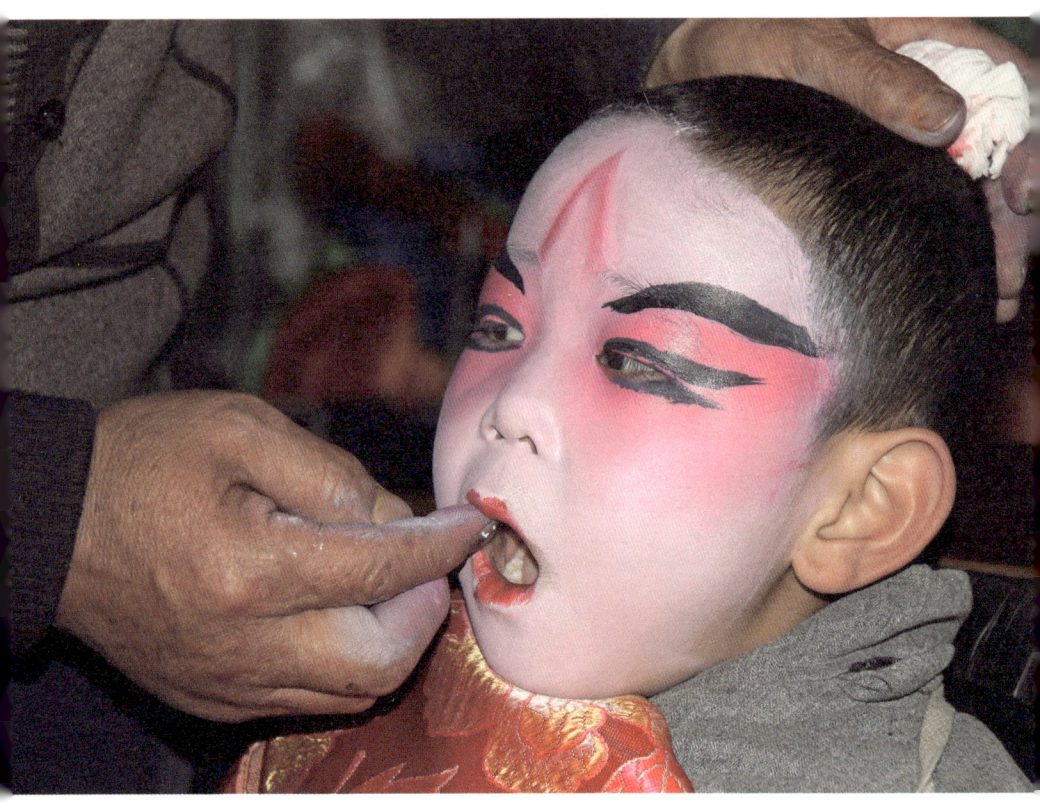

到改进变化的蛛丝马迹。

在钢铁比较稀缺的年月，就是这样的木质台柜，稳稳地作为高台的底座，由人们抬着巡游四方。上面高高地绑扎着几个油彩敷面、衣袂飘飘的人物，正在穿越历史时空，向人们演绎一个个精彩的故事和神奇的传说。

随着时代的发展，千户营人开始用钢管、角铁、钢板等替代木质材料，设计制作出了全新的高台台柜。人们在台柜下面安装四个轮子，可抬可推，方便省事不少。

柜台的四周通常装饰有表示吉祥如意的文字或山水、花鸟、鱼虫及人物，还常常饰以与高台的题材、内容、人物或意境相关联的诗词、图画等，也有饰以生肖吉祥物的。这种台柜除布景功能外，还有广告宣传功能。千户营高台每次走街串巷，或到外地演出，在台柜前后、两侧植入广告或宣传画，是千户营高台新职能的拓展和延伸。

高台主杆和支架的选择非常重要，是体现高台"高、悬"特点的重要因素，也是高台艺人费尽心思、着力研究开发的部件之一。

以前的高台主杆无疑以木质为主，千户营人选取最多的是榆木，因为榆木的柔韧性比较好。据千户营高台老艺人介绍，为了得到符合要求的主杆，艺人们将很多榆树苗从小按要求绑束盘结，边长边修理，一直长到符合要求时，伐来充当主杆。一根主杆往往需要两代艺人长时间的苦心经营，才能得到比较理想的具有一定造型和功用的主杆，这样的主杆绑扎起来才能达到"高、悬、妙"的要求。

后来，主杆逐渐由实心铁杆（铁芯）代替，因此很多地方直接称高台这种艺术形式为铁芯子。铁质材料的变化从根本上给高台主杆的塑造带来了新的、更为广阔的空间。铁质主杆的形状开始随着人们的意愿自由改变，纤细、轻巧的铁芯在绑扎时显得更巧妙，更具有被伪装的可能。

据千户营的老人们讲，以前制作高台，打制主杆的铁是百门百户收集而来，经过铁匠铺熊熊烈火的熔炼，在铁匠师傅大、小铁锤的锻打下，形成一条下直上弯，或上面分叉的主杆。这需要千万次的火烧和锻打，加上多次淬火，加强铁杆的密度和韧性，锻打出具有一定高度、造型的主杆，完成初步的造型设计。

随着钢管、角铁、钢筋焊接技术的普及，给千户营高台艺人设计主杆造型插上了翅膀，制作的支架更是变化多样，这是材料带来的变化，也是千户营高台前所未有的发展机遇。

现代高台支架制作完全依托较先进的制作工具。艺人根据构思好的意图，先画出高台造型草图，根据造型挑选材料，制作主杆、支杆。

制作好的主杆与支杆都要用一种专门的土办法进行检测，即把主杆放在一个支点上，两头各站立1~2名成人，如果主杆不变形，说明这些主杆具有较好的承重力和柔韧性；对支杆及其连接部分也用同样的方式进行检测，认为合格了，再拿出来使用，必须做到万无一失。

拐子是用来保护空中的小演员或者为其递送食物及其他物品的必备用具。拐子上端横梁部分缠绕着红布，杆身分五六段，绑着一尺长

高台道具——凤冠

刀尖上的白袍小将

的横木，扎着各色绸缎，起装饰作用。每台高台通常配备两把拐子，一左一右护卫高台上小演员的安全，及时给小演员递送食物或其他东西。由于高度比较高，在行进过程中，难免会遇到电线、树枝等障碍物，遇到地面凹凸不平的状况，或急转弯时，都要用到拐子，使半空中的小演员顺利避开障碍物，扶住小演员保持一定的平衡等作用。一台台鲜艳夺目的高台行进在街巷之中，每台高台两侧围绕着装饰一新的拐子，像仪仗队一样增添了队伍的气势，在街巷里流成一条五彩斑斓的河流，有很强的观赏性。

一般情况下，高台台柜和高高悬起的人物主体之间有一段距离，这段距离往往由假山、树木、建筑、人物坐骑、鸟兽充斥着。假山是最为常见的装饰物，千户营高台艺人对假山情有独钟，其原因也许是这里地处高原，有昆仑山、祁连山、唐古拉山等诸多山系的存在。以巍峨峻拔的山峰作为背景，将嵯峨别致的大山踩在脚下，更加突出高台内涵的险峻、博大、粗犷，使高台具有更加丰厚广阔的外延。

假山的制作，千户营高台制作艺人有一套传统的制作方法。做假山时，找一个废旧蒸笼外壳，中间插根木棒（留作穿插主杆的孔），在里面填上黄土，夯实加高成有一定高度的土墩，然后把土墩削成所需要的形状，全身涂一层胶，用纸或破布糊上，再涂一层胶，再糊一层纸或破布，如此裹上好多层，达到一定的厚度，最后再涂一层厚厚的胶，胶面打上细沙碎石，然后掏去里面的黄土，拿到阴凉处晾干，喷上颜色，成为或瘦骨嶙峋或陡峭峻拔的微型假山，假山上某些部位还要开

2010年千户营乡扎高台的小演员

几个小孔，预留着插一些其他装饰物之用。假山壳形象逼真，经久耐用，即使上面站立几个成人，假山壳一点也不会变形。

　　后来，随着塑料泡沫板的普及，千户营人又发明了一种假山的制作方法，所用材料就是塑料泡沫板。他们将厚厚的泡沫板两面涂上胶，垒叠起来，形成一个长方体或正方体，通过雕琢，雕出山脊沟壑、褶皱棱角，雕出需要的造型，然后喷上赭石、翠绿、大黄等颜色进行粉饰，在中间烫出一个主杆能穿过去的圆孔即可。这种假山制作起来比较容易，成型后易修改，可塑性极强，重量轻便，同时材料易得、价格便宜，还可以废物利用。

　　树木花草也是高台不可或缺的装饰物之一。装饰的树木有两种形式，一种是真实的树木，常用冬夏常青的松枝来装饰，这种方式古已有之，且经久不衰。粗糙的枝干，碧青的松针，在农历正月的高原，有一种生动、鲜活的自然之美。还可以把青杨枝或其他具有一定造型的枝杈，用彩纸或彩色塑料缠绕装扮起来，形成虬枝盘曲的树木造型。另外一种是用钢管扭曲焊接后，再装饰起来，既是树木的造型，又是高台的支架，上面绑扎几个人物的也不鲜见。海东市乐都区高庙亭子（高台）主要采取这种形式，即在"S"形钢管上绑扎人物及其他装饰物。2017年春节，千户营绑扎的《松鹤延年》高台，直接使用一段高达6米的松树枝干，在翠绿的松枝间，站立着一只栩栩如生的仙鹤，鹤背上坐着一位老仙翁。

花草是高台上用得最多的装饰物，花有纸花、绢花、塑料花等。这些花草的制作是村里女人们手艺的集中体现。每年制作高台花草的时候，一个小组的妇女们围坐在一起，一边做着手中的活儿，一边聊着家长里短，心灵手巧的妇女会受到大家的羡慕和模仿。一台高台的花草饰物一般要做上好几天。

祥云一般用铁丝焊制一个框架，在外面绷上丝绸，涂上颜色即成。这些祥云或浮在神仙脚下一日千里，或飘在身边玉树临风。还有更逼真的制作方法，用铁丝做好祥云框架，直接在架子上缠绕堆积蓬松的棉花或丝绵，不规则的形状更接近祥云外观。

千户营高台根据内容时常会制作出一些大型的动物，如神龙、凤凰、麒麟、巨鳌、骏马、牦牛、藏羚羊、藏羊、玉兔等，造型逼真。比如高台《三江源》中，就有大型吉祥动物,被称之为"高原雪域之舟"的牦牛，还有濒临灭绝的珍稀保护动物藏羚羊等;《魁星点元》龙（鳌）的造型，《西王圣母》中东王公站在金龙头顶，西王母坐在凤凰背上；

《三借芭蕉扇》中牛魔王的避水金睛兽;《松鹤延年》里的仙鹤造型,《梁山伯与祝英台》中巨型蝴蝶造型等。

如制作"牦牛"道具,先用5毫米左右的铁丝轧制出牛的各个部件的框架,包括身躯、四肢、颈部等,再通过焊接把各部件连接起来,然后用20厘米宽的白色布条把各部位缠起来,接头部位用胶粘接,力求平整光滑,四肢和身躯缠好了在脖颈处安装专门买来的牛头骨骼,配上粗壮弯曲的犄角,安装上黑色塑料牛蹄子。下一步工序是粘接毛皮,根据不同的需要,把人造毛皮包裹在外面,粘贴不留缝隙,最后通过一些细节处的修补,一件大型牦牛道具完工。一般情况下,牦牛的一只后腿至背部预留有穿主杆的通透小孔,这只腿脚踏实地,其余三条腿凌空腾起,牦牛作奔跑状,颇具动感,与真牛无二,充分显示出千户营高台艺人制作高台道具的精湛技艺。

花篮宝瓶在高台中起连接和装饰的双重作用,外形与普通的物品毫无二致,其实暗藏玄机,在中间有一个穿钢管的孔道。高台表演中,我们常常看到一人平举双臂,双手托着花篮或宝瓶,两面各自单脚站立着一个人物,支撑人物的支架就巧妙地隐藏在花篮宝瓶及宽大的衣袖之中,这些不起眼的小道具不但造型优美,而且担负着隐藏支杆的重任。当然,与花篮宝瓶有着同样功能的小道具还有很多,如一座假山、一只鞋子、一只手套、一件兵器、一束鲜花、一碟果品等,全都内藏玄机。

各类英雄人物是高台表演中永恒的主题,人们崇尚英雄,每年都有几台是扮演英雄故事的。因而,英雄手中的兵器是高台中比较重要的道具，它们不仅代表冷兵器时代将士拼杀疆场的豪迈与悲壮，也是武将身份的象征。刀、枪、剑、戟、斧、钺、钩、叉、鞭、锏、锤、抓、镋、棍、槊、棒、拐、流星锤等十八种兵器尽显英雄本色。这些兵器既可作高台的支架，又可作为连接人物之间的纽带，"短兵相接"，巧妙地承担着双重作用，在高台中具有别样的装饰美。

还有很多装饰性道具，大到亭台楼阁、宝塔牌匾，小到念珠手链以及针头线脑，都要根据高台内容的需要进行专门定做，制作出来的道具可以存入道具箱，在以后的绑扎中重复使用，还可以稍加改造，或重新装饰一下，或几个部件重新组合后，成为新的道具。每年添加，积少成多，有选择的余地；每年更换，新鲜而不雷同。

高台人物服饰一般由戏剧服饰来代替，传统古装戏服从戏剧专卖店铺购买。从皇亲贵戚的凤冠霞帔到僧俗民众的芒鞋粗褐，或时装，或民族传统服饰，全由高台所扮演的故事人物决定。据千户营高台艺人李富先介绍，千户营高台服装道具中有一半是自己设计制作的，因为市场上很难买到与绑扎角色要求完全符合的服装道具，只能自己动手制作。还有，在经济条件比较困难的年代，自己动手制作高台服饰，也是常见的事。李富先曾说过，他小的时候，一次装扮高台，人物众多，而演出的服装不够用，有人建议临时用老人们日常穿的长衫。很快拿来几套长衫，经过本地画匠染色后参加表演，解了一时燃眉之急。

[第七章]

· 绑扎 ·

每年进入农历十月份,粮食收进自家的粮仓,一年的庄稼活儿告一段落,天寒地冻,又到千户营高台艺人该琢磨春节期间绑扎高台的事儿了。

第七章 绑扎

每年进入农历十月份，粮食收进自家的粮仓，一年的庄稼活儿告一段落，天寒地冻，又到千户营高台艺人该琢磨春节期间绑扎高台的事儿了。

千户营高台由原来的"神事"到后来的以观赏娱乐为主要形式的文化活动，其绑扎秘诀及技巧也由以前的独家传承、秘而不宣到现在的公开，甚至举办高台绑扎技艺传承培训班，经历了很大的变化。年近60岁的村民李富先从14岁开始跟随父亲和伯父学习绑扎高台，已有四十多年的时间。每年忙完农活，他和他的老搭档就开始琢磨下一年的高台制作了。

李富先只有小学文化程度，虽然文化程度不高，但他脑子里装着很多的神话传说、历史故事和古典文学人物形象，每到这时候，他脑子里的这些形象就活跃起来，都在摇旗呐喊，跃跃欲试，在他眼前蹦来跳去。他知道，高台主题的选择渠道多种多样，可以从神话传说、历史故事、典籍文献、现实生活中提炼，也可以直接从戏剧表演中移植过来，通过嫁接的方式来表现高台内容，这种方式也是以前高台主题的主要来源之一。

当然，确定一个主题需要一定的时间，既要考虑绑扎的可行性，又要考虑观众观瞻之后的反响；既要给观众留下一个过目不忘的印象、留下咀嚼思考的余地，还要避免和过去的重复，或达到推陈出新的效果，这些都是很难的。好在李富先和他的搭档早有谋划，这种谋划也许从上一年高台表演结束时就已经开始了。

有了一定的主题，确定了故事人物形象，接下来的任务是设计高台人物的造型和布局。人物形象可以从相关戏剧人物形象为基础进行设计，也可以另辟蹊径。头饰、服装、手中的道具、身上的各种饰物，都可以进行符合人物形象的前提下大胆设计。还有人物脚下的假山、林木、各类建筑物以及祥云、坐骑等，身后的背光、树木、花朵、鸟兽、飘带等，都可以做形式多样的设计。要达到具有震撼的视觉艺术效果，在有限的空间里布局人物，完成一定的造型，并且符合力学原理，比较完整地表达一个故事情节，具有一定的艺术冲击力，是高台绑扎艺人花心思最多的地方。

根据高台的故事情节，依照绑扎人物的多少，在有限的三维空间里按一定的造型布局，空间层次有两层至三层、四层不等，每层又有一至三个小演员，再加上身着艳丽古装的小演员或脚踩祥云，或舞枪骑于马背，或单脚立于假山之上，或立于另一名小演员托起的花篮上……高台的总高度一般要达到六至七米，要突出一个"险"字，险而不危，这是空间布局遵循的秘诀。

由于村庄道路上空有穿街而过的电线，斜伸过来的树枝以及承重平衡等因素的影响，千户营高台的高度受到一定限制。据千户营人讲，20世纪六七十年代的高台总高度比现在还要高一些。

从前，从制作台柜、支架、服装、装饰物等道具到绑扎都在各自的生产合作小队完成，有一定的保密性，待到正月十三日早上，各队人马各自带着绑扎好的高台来到千户营火神会集中，人们才能完整地看到这年绑扎的高台。

新千年开始，在湟中县文化馆及上级文化部门的动员和高台"非遗"知识普及背景下，千户营高台艺人逐渐认识到高台绑扎技艺是祖先遗留下来的文化遗产，人人享有参与、欣赏的权利，这种平时相互之间有一定私密性的千户营高台绑扎技艺，正月十三这一天会在众目睽睽之下会完成绑扎的整个环节，公开数百年来秘而不宣的秘密。

早上，小演员们早已集中在化妆室里等待化妆，一个个满脸涂了白粉等待化妆的小孩跑进跑出，自豪地表现着自己。绑扎艺人们从各自的库房中拉出高台台柜，把提前制作好的支架主杆、支杆、连接附件及服装道具等物一地摆开，进入绑扎环节。

我们以绑扎《西王母》高台为例，简要叙述高台绑扎的基本流程。高台《西王母》主要由台柜、假山、主杆、人物四部分组成。假山象征着磅礴壮丽的"万山之祖""龙脉之祖"的昆仑山。上面人物有两层，下层为西王母侍女青鸟，上层为西王母和东王公。

先把台柜侧立起来，在主杆套上假山，假山顶套上一只绣花鞋，不然，主杆和台柜连为一体时，鞋子等道具是安装不上去的。这样，有很多物件是要提前安插上去的。将主杆从台柜中间的孔隙中穿过去，一直穿到底，主杆

千户营高台《环湖赛》

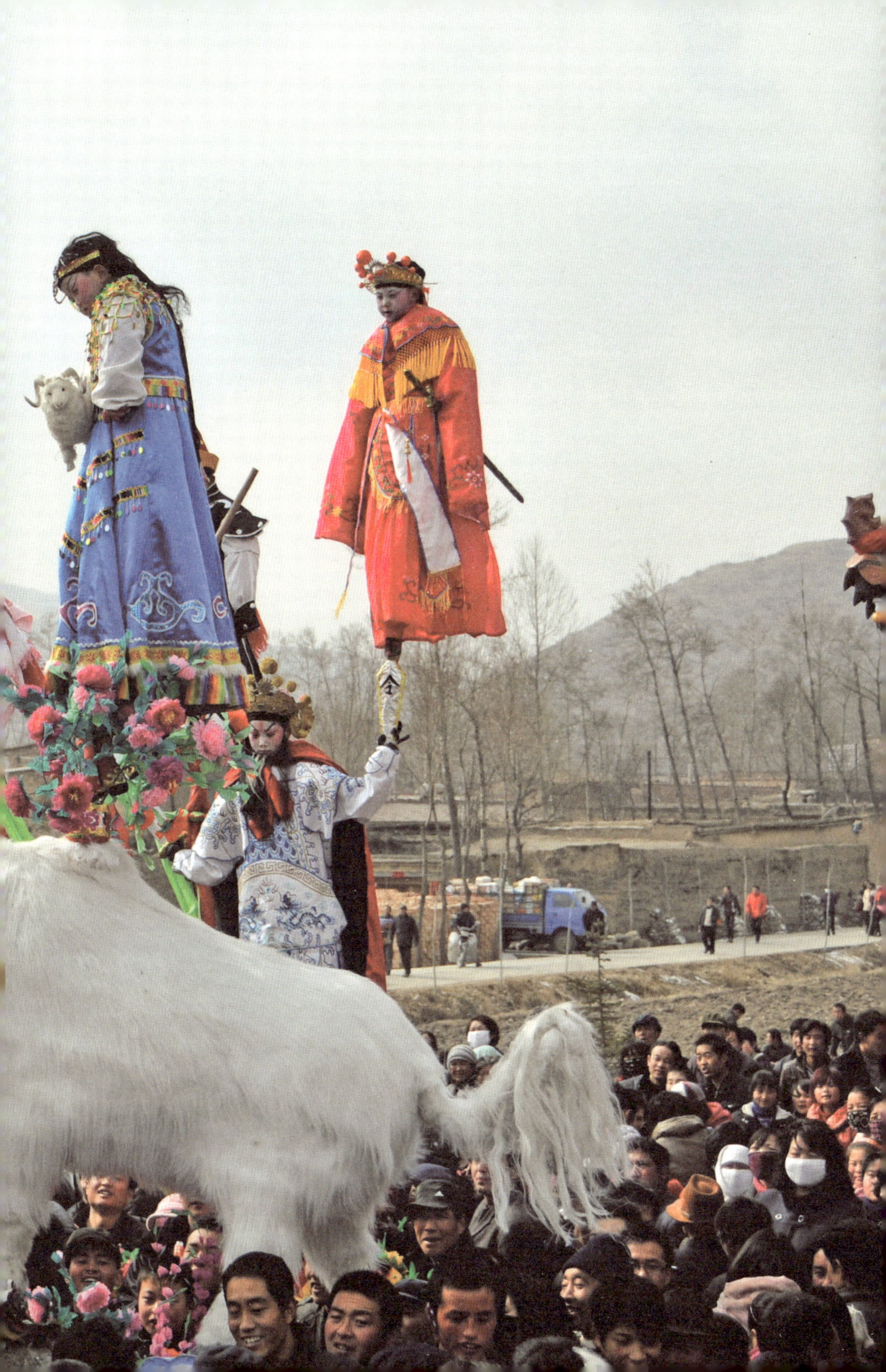

上预留的孔眼和柜底角铁上的孔眼重合时，用螺栓、螺母固定，这样，主杆牢牢地"栽"在台柜上。将台柜翻转过来，假山正好坐在台面中央，假山顶踩着绣花鞋，鞋子上面的铁杆上正好是两只固定的踏板，再往上是能够活动的胸扣。主杆在一人高的地方呈九十度弯曲，在手臂长的地方，又呈九十度向上弯曲，这时，在胸扣上面预留的钢管套子里，插上同样弯曲的一根钢管，用螺栓固定住，两端向上弯曲部位各套下两只大手道具，两只手的上面又套下一个花篮和一个果盘，果盘和花篮上面又是踏板，踏板上又套上两只鞋子。这样，应该提前预放的物件提前套在杆子上，支架基本搭好，等待时辰。

　　大约早上11点钟，火神会会头一声令下，万事俱备的19台高台开始绑扎。小演员被送上支架，站在踏板上，将胸扣扣起来，在背后扣上背靠，用

在高台主杆上套放道具——果盘、花篮

1925年拍摄的贵嘎尔高台绑扎场面（柏立奚　摄）

布带在胸部、臀部、小腿部进行缠绕绑束，绑束松紧要适宜，不宜太紧，太紧会血液不畅而难受，绑扎太松又容易歪斜或脱落。在这方面千户营高台艺人们有丰富的经验，都掌握着一套成熟的绑扎技艺，绑扎的各个环节及技巧烂熟于心，可以说是万无一失。高台巡游时间长，一般要经过四五个小时，既要考虑安全，又要考虑小演员的忍耐能力。

带妆的小演员被绑束在支架上，开始对他们进行装饰，根据需要戴上凤冠，披上霞帔，宽大的服饰掩盖住了支架。艺人们用假山、鸟兽、树木、花草等点缀和装饰人物，高台人物逐渐丰满起来，变得有血有肉，活生生立在那里。西王母侍女青鸟外柔内刚，是一位能征善战的战神。西王母凤冠霞帔，仪态万方；东王公头戴旒冕，身着龙袍，威严尊贵，摆着优美的姿势注视着地上的芸芸众生。

千户营高台展演的故事及人物形象受秦腔戏曲的影响最大。

郎扎高台《三江源》

秦腔，中国最古老的剧种之一，起源于西周，成熟于秦，流行于中国西北的陕西、甘肃、青海、宁夏、新疆等地。宋元时期，戏曲服饰已形成一定形制；明清时期，以明官服为基础形成的戏曲服装，逐渐定型，并日臻完备。各行当人物的头盔、服饰、鞋帽，皆有一定规范。千户营高台的服饰主要秉承和沿袭秦腔剧的服饰，由于每年投入的资金非常有限，没有能力购买中、高档次的戏曲服饰，大多数服饰靠艺人亲手制作，多年来也积累了一些常用的服装，形成一套逐渐完善起来的服装使用制度，一套服装可为数台高台的演出使用，做到经济、实用，使用效率最大化。千户营高台服饰大致有神灵仙家、贵族官员、平民百姓、文臣武将之分，以色彩表示其身份高下，颜色有黄、黑、白、红、绿等。花饰以绘画为主，或采用带花的织物，有镶边、贴花、绣花等。

高台台柜和主杆的连接，人物造型的设计，演员的化妆、服饰，陪衬的道具，以及高台周围卫护人员的整体形象，都要统筹规划，整体上做到和谐统一，局部上突出精巧典雅，让人感到千户营高台装扮有序而不凌乱，鲜活而不呆板，玄妙而不造作，庄重而不庸俗。

高台的主体部分做到轮廓清晰，色彩鲜艳，细节部分的点缀也是不可忽视的。很多时候，细微处的装饰点缀有一定的补充、修饰、矫正、补白作用，真正能起到画龙点睛、锦上添花的艺术效果。

十二生肖是中国的古老文化元素，是高台装扮中的重要题材，从大的方面说，千户营人有意识地在每年的内容装扮中都要突出生肖，如中国生肖邮票一样，每年出一枚，十二年出齐一套，形成一个完整的体系。千户营高台每年也在不自觉地突出生肖元素,虽然不是大型的生肖主题,但与生肖相关的元素还是突显出来了。如龙年扎一条气势雄伟的金龙,腾云驾雾驮着哪吒三太子遨游宇宙;牛年,选取"高原之舟"牦牛,一组牦牛、牧女、草原的意向突显出来,反映三江源自然保护区"高原、天籁、自然"的意境;猴年就扎"美猴王大闹天宫"或"真假美猴王",大家喜闻乐见的猴王形象以俏皮勇敢的形象出现在高台上,为人们称道;马年,绑扎"关云长千里走单骑",关公胯下赤兔,驮着这位山西义士为信守诺言,千里迢迢,追寻兄长,留下千古佳话。除此之外,一些生肖元素对局部的点缀也比比皆是。

再如每年七八月份,美丽、清凉的青海都要迎来一个大型国际体育盛事——环青海湖国际公路自行车赛,要用这样一个主题,来宣传大美青海,宣传这一亚洲顶级公路自行车赛事。确定主题《环湖赛》后,就要从"环湖赛"的历史背景、基本内涵,以及表达的人文精神、体育精神、生态环境保护意识等各个方面,来考虑组成《环湖赛》的具体物象。青海湖、高山、草原、天路、帐篷、牦牛、羊群、骑行健儿、宗教寺院以及各族群众等都是塑造《环湖赛》的元素,但不能不分主题全部罗列而上,要精挑细选,选择最能突出主题的物象进行塑造,达到简约、概括、生动、形象的目的,下一步就是如何完成空间布局及造型的问题。

千户营高台艺人因循惯例,在高台台柜上面设置假山,象征青海的昆仑山、祁连山等十万大山,在假山旁设置一汪碧水,表示浩瀚的青海湖碧波荡漾,在飘荡着朵朵白云的假山上,延伸出一条由红、黄、蓝三色组成

装扮高台娃娃

的弧形彩带，彩带尽头，是一名头戴骑行帽的自行车运动员，正在弯腰弓背，奋力骑行在飘带一样的环湖公路上；假山正中站立一头雪白的"高原之舟"——牦牛，牛背上的格桑花丛中站立着一名亭亭玉立的藏族少女，她身穿藏袍，头戴珊瑚、玛瑙等组成的藏饰品，脚蹬长腰藏靴，怀抱白色小羊羔，含情脉脉地欣赏着身边的自行车骑行健将，一幅高原环湖赛的立体画卷形象地展现在观众面前，让人浮想联翩。

高台人物手中一件兵器，脚底一个小花篮，头顶一个绣球，耳畔一朵绢花，看似恰到好处、点石成金地点缀着高台，其实暗藏玄机。还有在社火和高台表演中比比皆是的红绸布，不仅仅代表着喜庆和暖色，在中国古代文化里还有着一种神秘的功用，即向神灵表达某种敬意或祈求的时候，都要用红绸布来传递这种信息。每一台高台装扮好后，演员家人及火神会的都要为每一台高台披红挂彩，祝福演员演出平安。又如高台《魁星点元》一出场，前来披红挂彩的人很多，在披红的瞬间，完成着一种来自心灵深处的对话，这是远古神秘文化的遗风，也是现实与梦想碰撞后的某种心理安慰。

在千户营有一个传说，同治某年农历正月十五，一队反清叛军在官军的围追堵截之下杀红了眼，不辨西东，仓皇奔逃，自东南一路烧杀掠抢，直奔千户营方向而来，当叛军冲杀到千户营北面拉沙路口的时候，魁星突然显灵，叛军看到千户营方向旌旗猎猎、刀枪林立，听到战马萧萧、鼓声雷动，无数全副武装的人马整装待发。叛军误以为千户营早有官兵防备，遂改道经拉沙向湟源方向奔去，一路好几个村庄遭到洗劫。魁星显灵的故事不胫而走，从此以后，千户营人对"魁星"崇敬有加，毫无疑问地成为每年必绑的节目，成为高台展演队伍中打头的节目。每年展演时，扮演的"魁星"高台都要抬到拉沙路口站一站，望一望，周旋一下，以示吉祥。

千户营高台自诞生以来，就跟神秘的宗教有着密切的关系，高台上面绑扎的一般是人们信仰的神灵或崇拜的图腾，供奉在较高的位置，供人们瞻仰和膜拜。要让更多的人从较远的地方观赏到，还要巡游乡里，如村庄的主要十字路口、庙宇、官场（公共地方）、有标志性建筑的地方，都是高台巡游展演的去处。

作为社火中重要组成部分的千户营高台，在社火表演中，以压轴的节目排在最后。随着"咚咚锵锵"的锣鼓声，高台节目以《魁星点元》打头，从三官庙火神会出发，一路逶迤，走走停停，在村庄主要街道巡游，在一些相对开阔的地方驻留。此时，高台周围早已人头攒动，被人们围得水泄不通，人们扶老携幼，争抢往前涌，都想近距离观看，都想把这美好的一幕留存在脑海里，储存在相机里、手机上，发在微信朋友圈里，让全世界的人都在同一时间欣赏到河湟地区美轮美奂的千户营高台。

千户营高台在绑扎过程中，小演员腿部、臀部、胸部都被有经验的绑扎艺人松紧有度地绑束着。人物的双臂一般情况下是活动的、自由的，手中还握着彩绸、花篮、掸尘、天书、宝卷、墨斗、毛笔或各种兵器之类的道具。在有限的空间里，做着挥舞的动作，与此同时，随着高台的整体移动，他们脚下的花卉树枝、身上的衣袖飘带、头上的宝冠缨珞，都在配合着小演员有节奏地舞动飘摇。

不可忽视的还有高台周围的工作人员，到外面参加大型表演活动时要穿统一的服装，上身穿大黄镶黑边宽松表演服，下身穿天蓝色裤子，脚穿黑色牛眼千层底布鞋；而在本村表演时，家常服装就是表演服，他们或抬着高台，或推着高台，每台高台有2个或4个打拐子的人，他们肩扛5米左右的拐子，拐子用红绸装扮得分外漂亮，行进在大街小巷，脚底下随着前进的鼓点，连呼吸也与锣鼓声相呼应，在这样一种氛围中，高台平稳有序地向前行进。

有人说舞蹈是一种空间性、时间性和综合性的动态造型艺术。不错，千户营高台玉树临风，在空中以独特的姿态跨越百年，一路舞动手中的红绸，飘飘摇摇逶迤而来，舞成叫作千户营高台的"空中舞蹈"。

到2017年止，千户营高台数量有19台，而且绑扎内容每年都在变化，一台台新颖别致的高台节目总会让人们耳目一新。一台高台上绑扎的演员也由1个逐渐演变为3至5人，甚至更多。高台装饰、演员的服装、道具更加精美，从远处看，就是一条流淌在乡间的五彩缤纷的河流，美不胜收。

高台是一种特大型空中造型艺术，以其典雅、灵动和震撼的气质吸引着人们；高台演出人数众多，阵容庞大，加上高台的装饰花红柳绿，上面神灵大仙腾云驾雾，帝王将相威风八面，深闺佳人为伊消得人憔悴，凡夫俗子、商贩走卒、形形色色的人都以不同的身份和形象出现在高台上，襟飘带舞，锣鼓声声，展演出一幅幅述说古往今来的千古传奇；高台以广场或街道这些特殊的场地为舞台，视野开阔，不拘泥于一个小天地，随着时间的流转，舞台时时在变化，十步景相似，百步景不同，总有不同的造型、不同的景致留给人们一种视觉冲击力和震撼力；高台在表演中，随着前面社火的表演程序，在街巷里排成"一字长蛇阵"缓缓移动，当社火行进到广场及开阔地带，"老秧歌""扇子舞""蜡花姐""威风锣鼓"或其他节目展开表演时，高台节目则根据场地情况，或并列排在场地边缘，或排成圆圈围在周围，高高地充当社火演出的背景，这是一道色彩缤纷的风景线，如丹青画笔下的水彩画，其底色总是那么厚重而浓艳。

社火，这一被誉为群众娱乐的狂欢形式，早已被人们所熟知。而高台作为社火的压轴部分，在演出人员的精挑细选，演出前期准备工作的周密程度，演出中抬、推高台及卫护人员上，都需要大量的人力来分工协作，共同完成。这里包括从儿童至年过花甲的老人，各种年龄层次的人都能参与进来。

每年社火演出时，火神会会首（会长）及理事会经过周密的研究，给全村各家各户下发邀请帖子，安排任务，分配工作。千户营千东、千西两个行政村共500多户2400余人，每家至少1至2人参加社火演出，有的人家甚至倾巢出动，全被派上用场，这样，就有近千人参与社火表演，其参与面在农村各种活动中是最广的。当然，根据个人的特长及爱好，会分配到不同的工种和任务，或走到台前充当角色，或留在台后做后勤工作，大都能任劳任怨、无怨无悔，做好各自的工作。

还有一种特殊的现象值得一提，一些很多年前走出家门在外地上班的人，到了每年正月元宵节期间，想方设法回来参与家乡的社火演出。他们常常为社火高台的演出，出谋划策，都想把家乡的社火演得红红火火，据说这些人一年里一定会身体健康、工作顺利、生意兴隆、万事如意。

[第八章]
高台之美

千户营高台历史悠久，艺术内涵丰富，它带着江南水乡的清秀与灵气，借鉴了陕、甘、青地区秦腔戏曲的艺术滋养，被河湟地区民间歌舞及宗教文化艺术熏陶，最终形成了千户营高台自己的风格，具有独特的审美价值。

千户营高台历史悠久,艺术内涵丰富,它带着江南水乡的清秀与灵气,借鉴了陕、甘、青地区秦腔戏曲的艺术,被河湟地区民间歌舞及宗教文化艺术熏陶,最终形成了千户营高台自己的风格,具有独特的审美价值。

选择表现主题,塑造人物是千户营高台艺人每年面对的事情,去粗取精,用发展创新的眼光和态度审视、对待这一问题。神话故事、历史传说是千户营高台传统内容的重要组成部分,而神话传说里各种人物形象的不确定性又给千户营高台艺人留足了想象和自由发挥的空间。

比如千户营高台打头的高台《魁星点元》取意"魁星点元,独占鳌头",魁星这一人物形象来自一个悲壮、凄婉的传说故事,有名有姓有出处,后来随着人们的演绎,逐渐由人演变为神,成为掌管文运的文曲星君。

千户营高台艺人在塑造这一形象时,紧紧抓住"魁星"异貌,以及深有含义的几个动作,加上朱笔、砚台,加上神化后的鳌鱼(神龙)高昂着头,张着血盆大口,一个经典的"魁星点元"形象出现在眼前。魁星一脚踩在鳌的头上,一脚向后翘起,这一动作也成为千户营高台塑造人物形象时的经典性动作。如在好多高台造型上,都有一脚踩在假山、宫室、花枝、磐石、刀尖、彩云、飞鸟等物体之上，另一脚则向后翘起，我们姑且称作"魁星踢"或"魁星翘"，这一造型符合高台的制作原理，避开了双脚上阵的笨拙，显得更加轻巧玄妙，富于变化。尤其是一些才子佳人、丫鬟奴婢等较为活泼的人物造型上都有这一经典动作。

千户营高台塑造了好多具有浪漫主义色彩的形象，其主要手段就是通过人物服装、手中道具、脚下物象及组成整个故事意境的几个人物，共同完成一段故事情节的塑造。运用道具和点缀装饰来突出人物身份及性格特征，也是塑造宗教人物的基本方法。比如，一些佛教人物造型，就是通过身后的背光，手中的法器，身下的宝座、坐骑以及不同环境来表现人物身份。

河湟地区有一种古老的皮影戏（灯影戏），人们在欣赏时有句老话叫"死戏活影子"，意思是看戏（戏剧）要看剧情，不然你看不懂，而看"皮影"戏，只要认真听，里面的人物、故事、情节都靠皮影艺人开口道来，没有不懂的。而高台扮演的故事情节，只要看人物造型及相关道具，人物之间的搭配，就能明白八九分。千户营高台制作中的一些细节会很好地弥补高台演员"不言不语"的不足，给细心的观众留下丰富的想象空间。

任何艺术都会讲究实与虚的搭配和互补，讲究"留白"艺术，千户营高台制作也不乏这一创作理念，而且虚实结合、避实就虚、互为补衬的基本手段，在高台绑扎中广泛应用，以达到"高、悬、妙、奇"的艺术效果。

千户营高台从诞生之日起，就追求一种理念，即在不露声色中完

千户营高台《吴公保二嫂》

2006年参加广东番禺民间艺术节的千户营高台《西王母》

成高台神灵（人物）的塑造，高、大、上的形象更容易让人产生敬畏心理而顶礼膜拜。随着高台艺术的发展，附着在上面的"神性"元素或者说是某种唯心的东西在不断减弱，甚至消失，直至今天，高台就是传达一种艺术美感，完成由娱神向娱己娱人的华丽转变。

在高台绑扎中，一根主杆固定在下面的台柜上，主杆上有分叉，分叉上绑扎人物，里面的"骨骼"是紧紧相连的。人物造型或站在花枝上，或立于刀尖上，或脚踩瑞兽脊背，或双腿高悬空中，全靠身上的飘带或花枝道具连接，玄机就是里面结实的"骨架"，外面用演员衣物、饰品及道具来掩盖。那些假手假脚，那些虚无的肢体在绚丽服装及各类饰品的掩饰下，共同塑造高台形象。

如高台《关公保二嫂》，台柜上面是一座千里关山，身穿绿色战袍的忠义关公单脚踩在山尖上，蚕眉凤眼，红面长髯，虎虎生威，只见他一手执剑，皇叔刘玄德的一位夫人的一只小巧玲珑的绣花鞋，单脚站立在剑锋上；另一只手紧握青龙偃月刀，刀锋下削，似刚刚闯过五关，斩过六将，以最后一个"蛟龙望月"的姿势挑起刘皇叔另一位夫人，做了一个"向前走"的姿势。二位夫人凤冠霞帔，满目沧桑，以一种复杂的心情直视着这位侠肝义胆的夫君义弟，心中应该有诸多的感慨吧！这里，"千里关山"、青龙偃月刀、玉龙宝剑都暗藏玄机，巧妙地掩盖了里面受力的支架，达到了杆隐人显的玄妙效果。

千户营高台由当初的娱神发展到现在以娱人娱己为主的文艺形式，经久不衰的最主要原因还是高台所表现出来的喜庆、欢愉、"寓演于乐"的功效。

一台高台的制作中主题先行，评估高台制作水准的很重要的一项指标就是主题，即该主题的高台除了给人艺术美感之外，还要告诉人们那些内在的、更深刻的东西。同样，一个通过各种手段传唱百年，为人们津津乐道、深得民心的传统故事，通过高台这种形式展演出来，也有不同的韵味。

如高台《真假美猴王》，这题材是猴年时必演的题材。按照千户营高台的惯例，即在十二生肖的轮回中，喜欢按生肖年的属相来装扮高台，至于从何年何月开始的，已无从考证。猴年演猴王，猴王孙悟空这个喜闻乐见、老少皆宜、百看不厌的喜剧形象通过高台形式展演出来，为人们所喜爱。高台《寇准背靴》中，这个幽默、风趣，为了家国的利益和民族大业，忍辱负重、深夜背靴，探访杨家深宅大院秘密的"寇老西儿"，在千户营高台中也有所表现，在人们的谈笑间，感受着其中的诙谐和风趣。高台《铡美案》通过秦香莲带着一双儿女进京认亲被抛弃、被陷害，尔后状告包公，忘恩负义的陈世美最终得到应有的惩罚。同时，无形中也塑造了铁面无私、秉公执法的包公形象，鞭挞一些社会丑恶现象，这题材在今天看来，仍具有现实意义。

千户营高台自产生以来，人们就以仰视的角度去膜拜、去欣赏，其表现出来的精神特质首先以一种视觉方式给人以画面感，立体的、流动的、赏心悦目的、美的感觉，这种来自视觉的艺术美感贯穿始终。接下来人们才通过高台的内容去体悟其内在的东西，感受高台所表达的深刻内涵。

2006年，到广东省番禺地区参加"第八届中国民间文艺山花奖暨中国首届民间飘色(高台)艺术展演"的《昆仑西王圣母》《三江源》高台，从设计、制作中突出了几个元素：第一，青海元素，青藏高原风情的展示；第二，文化内涵，具有代表青藏高原厚重文化的载体，源自青藏高原的昆仑神话作为中国两大神话流派之一，源远流长，博大精深，闻名世界；第三，自然风光，高山、草甸、湖泊、牧场、帐篷、牛羊、放牧的卓玛等；第四，这里生活着很多珍稀野生动物，是藏羚羊、普氏原羚、藏野驴、雪豹等珍稀动物的天堂。这里有全国最大的"三江源自然保护区"，且可可西里也已正式列入世界非物质文化遗产名录，永远成为"未开垦的处女地"，这里矗立着中国第一个野生动物保护站——索南达杰保护站；第五，突出环保理念，青海被誉为"三江之源""中华水塔"，青海的环境保护工作已被提到一个前所未有的高度。还有很多青海元素，需要展示，需要张扬，需要被人们熟知。青海元素可谓给人们眼前带来了一抹亮色，一股来自高原、来自草原的清新的风拂遍江南，拂遍全中国。青海，这个遥远的地方将不再遥远！

千户营高台由于凌空高悬，飘飘悠悠，被观众誉为"空中的舞蹈"。

千户营高台最主要的特点之一是高度，这高度经历了由低到高，再到适度高度的变化。高台装扮初期，由于绑扎材料的限制，主要使用一段木材或培植具有一定造型的榆木杆，被固定在台柜上，由四人或更多的人抬着，这个高度在人群中"鹤立鸡群"，显得非常醒目。由于没有具体的文字记载，我们无法知道更早时候千户营高台的具体高

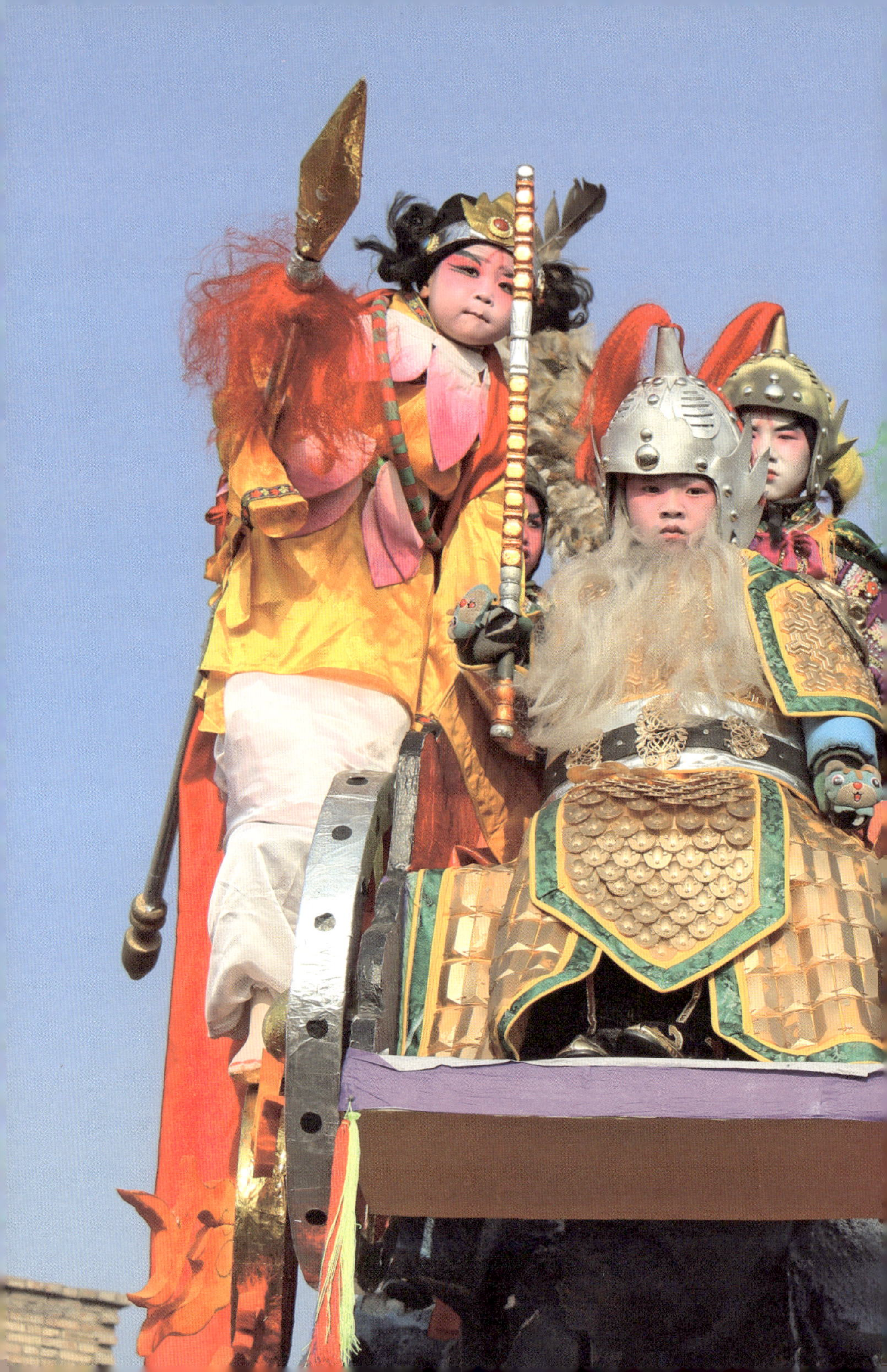

通海高台《姜子牙出征》

度，但可以想到的是，已经达到了一定的高度。后来铁杆的应用，使千户营高台达到了空前未有的高度。

后来千户营高台经常到县城等外地表演，为适应街道村巷上空架设的电线及桥梁涵洞路段的限高，出于安全考虑，高度有一定回落，总高度6米左右，一定程度上限制了高台艺术的发展。当然，按照力学原理，这已经是一个挑战。2016年春节，千户营高台展演时，李富先设计制作的《封神榜》高台的总高度达到7.5米，为了演出的顺利进行，县有关部门协调电力、电信等单位赶在高台展演前夕，对高台展演经过路段的电线、通信线路进行加高改装，千户营村民也对路旁有可能造成阻碍的树木及堆积物进行清理，确保了高台展演安全通行。

千户营高台除了"高"以外，还有一个特点是"险"，也就是"悬"。主要表现在我们视觉看到的"不平衡"，也就是说装扮高台的人物及其他大型道具所呈现出来的"力"的"失衡"。如高台《哪吒》，哪吒和孙悟空之间只有交叉的火尖枪和金箍棒相连，哪吒被悬在空中，两只风火轮在凌空飞转，给人的感觉就是一场空中大战，形象逼真，叫人捏着一把汗。"悬"也是千户营高台艺人费尽心思追求的，他们在"平衡"与"险、悬"上绞尽脑汁，为了一个玄妙的造型设计，往往反复比划，多次实验，最后在保证安全的前提下进行主杆及分叉道具的设计制作。等到人物绑扎装扮后，在鲜艳飘拂的服装及道具掩饰下，给观众一个凌空飞舞的形象。

清代河南新安著名戏曲家吕履恒观看当地的高台表演后，有感而发,有《观社行》存世：

三山缥缈云际开,飞仙杂沓天上来。
纤索危峰步玉女,莲房桂杪悬婴孩。

诗中描摹的未尝不是千户营高台的真实写照。

千户营高台常被人称"奇",奇而不怪。奇在"莲房桂杪悬婴孩",就是把5～7岁的孩童装扮成故事人物,绑扎悬挂在树梢进行高空表演。想当初,第一个绑扎孩童的人是不是因某种道具临时缺失,被逼无奈,灵机一动,把身边玩耍的小孩叫来绑扎起来,破天荒创造出异想天开的奇思妙想来,只有天才的想象家,才开拓了这一"奇异"的艺术形式,被人们效仿、创新,发扬光大。

千户营高台具备了"高、险、奇"的特点,综合起来,给人的感觉离不开"妙"。试想,一段流传千古的神话故事,不仅能用戏剧表演、影视艺术、曲艺说唱、灯影表演、书画方式、雕塑形式等手段表现出来,还可以用高台的形式表现出来。精心提炼主题,把一个经典的场面、动作凝固成高台,几十台高台在同一时间、同一地点、同一鼓点、同一背景的西纳川千户营表演不同历史时期、不同类型、不同风格的故事,被一些"面朝黄土背朝天"的农民们演绎成正月里的一场狂欢,你说能不妙吗？

我国近代学者王国维在《戏曲考原》中指出："戏曲者,谓以歌舞演故事也"，这是我国比较公认的关于戏曲的定义，影响深远。至于高台，我们可以套用这句话，千户营高台也具有"以高台演故事"的特点。前面讲过，千户营高台通过搭高台、扮人物、演故事来娱神娱人，从而达到一定的艺术效果。

每台高台从设计的时候，就有既定的内涵在里边，艺人们在绑扎时始终不忘其蕴含的思想内涵，努力把某种意义凝聚在高台造型的一瞬间，使观众从高台的造型、演员的装扮、道具的陪衬等方面来判断高台剧目展示的故事。反过来，高台演出有一个很重要的目的就是通过扮演一个或一组故事，来演绎一段神话，再现一段经典，讲述一个道理。

神话题材的《嫦娥奔月》高台，通过展现嫦娥飘逸灵动的仙子形象和月亮这样一个美丽的物象，表达人们过去对月亮、对宇宙的无限神往和探索；而嫦娥这位神话人物，在民间有背信弃义、偷吃西王母给后羿所赠灵丹妙药、独自飞升广寒宫的传说，在中国人心目中除了异常美丽之外，蕴含着极其复杂的情感，隐藏着人们的某种道德伦理观念在里边，所有这些，无不增加了这个故事内涵的丰富性，更具有看点。高台《魁星点元》表达人们对文化的尊崇和对功名利禄的向往。《刘海戏蟾》表现人们的善恶是非观念，蕴含着人们善恶因果报应思想，也表达了人们对金钱和财富的追求。高台《环湖赛》通过自行车运动员、牧女、牦牛等形象，给我们讲述了环青海湖国际公路自行车赛的盛况，这一亚洲顶级赛事，不仅是青海的体育品牌，也是宣传青海、宣传三江源生态环境保护的活的宣传画，是外界了解青海的一扇窗口。"环湖

千户营高台《三闯宫》

赛"这一题材用高台的形式表现出来，不仅有美感，也有现实意义。

这样的例子很多，其实每一台高台节目都在讲述着自己不一样的故事，都在亦庄亦谐中蕴含着一定的教化功能，表达着人世间的真、善、美和假、丑、恶，给人以遐想、启迪和鞭策。

2006年9月，千户营高台代表青海省参加广东番禺飘色（高台）艺术节，艺术节上展演的许多高台节目中，加入了一些动与静、声与影相结合的现代高科技元素和手段，令人眼前一亮。原来的故事人物被固定在台柜上，只有小演员的双臂是自由的，拿着兵器、红绸等道具不停地舞动，而有的高台根据剧情需要，在一些地方安装机械滚珠，一些部件在不停地转动，满足了不同视角的观众。有的高台利用电动原理，设计了有动作的动物造型，如《西游记》中白龙马的设计，四蹄腾空不停地奔跑，是用汽车雨刷器的原理制作的。《蛟龙出水》中的小龙口中喷水洒向人群，是借用喷雾器的原理设计的。在声与影的结合上，则结合剧情内容配以音乐，在人们观瞻的同时欣赏了音乐，如《李彦贵卖水》中配以剧中人物的唱腔录音，使人赏心悦目。

当传统的高台遇到高科技的时候，还会碰撞出智慧的火花，这是高台近二十年里出现的新变化。笔者小的时候，常常到湟中小南川舅舅家看社火，身为木匠的舅舅在村社火队扮演过好多年的"胖婆娘"，原因是舅舅家生了五六个女孩，想生个男孩，特意许愿扮演"胖婆娘"。他发挥木匠特长，用木头雕刻的婴儿"火神保"的胳膊是活动的，暗中牵动机关，"火神保"的小手就会伸过来，向你讨要东西，这样就少

下吕官高台《怀骨肉》

了把"火神保"往别人怀里揣的动作，少了不少尴尬，人们在好奇之余，不禁啧啧赞叹，加上"胖婆娘"巧舌如簧，满嘴的吉祥如意，不由你不喜欢，不由你不往"火神保"怀里塞钱和糖果了。这是我小时候看社火见到的最奇异的节目。

而在多年后，同样在千户营高台表演的社火场上，我见到了高科技在高台表演中的运用。2016年元宵节期间，千户营绑扎了一台《三借芭蕉扇》，中间山石上一只跃起的避水金睛兽，上骑牛魔王，牛魔王高举两把铁环大刀，刀尖上分别站立着孙悟空、铁扇公主和红孩儿，其中张着血盆大口的避水金睛兽的头部不停地转动，灯笼似的大眼睛注视着下面的芸芸众生。

2019年春节期间，湟中多巴绑扎的高台《西王圣母》也大胆地运用电动技术，给观众留下了深刻的印象。只见一只长约六米的凤凰，脚踩祥云，昂首高飞，一双华丽的羽翅不停地上下扇动着，凤凰背上站立着昆仑神话中的西王圣母。这些都是在高台中巧妙安装电动机关的成功例子，这是一个良好的开端，也给高台绑扎艺术带来一次质的飞跃。

由于经费困难、技术上难于突破，或原来固有的传统难于打破，大部分高台艺人还没有主动把这一思维引入到高台的设计领域，当然，这只是一个时间问题。终会有一天，这些现代元素会巧妙地与古老的高台艺术进行嫁接，千户营高台又将迎来一个新天地，一定会给高台的艺术效果增色不少，相信这一天为期不远。

[第九章]

"申遗"

2006年,湟中县政府开始着手千户营高台的非物质文化遗产申请事宜,县文化局领导及工作人员重新对千户营高台做了详尽认真的调研,认为万事具备,开始「申遗」之路。

从历史角度看，传统手工技艺的传承是把"传统"具体化、形态化的一种表述；从社会角度看，传承是文化传播化的具体实现方式。传统手工技艺的传承方式主要有拜师求艺和家族世代祖传。千户营高台是一种由多人共同来完成的大型公共文娱展演形式，是集体力量的体现，尤以绑扎艺人最为重要。

作为一种手工技艺，千户营高台制作技艺的传承主要有父传子、叔传侄、爷传孙等有血缘关系或亲属关系的一种传承。通过口授心传、手把手的方式，教会绑扎技艺。在千户营高台传承谱系里面，不难发现许多这样的关系，这也是传统技艺传承的主要方式之一。

师徒相传也是许多行业内技艺传承的另一种方式，这种方式是"亲属相传"存在一定困难或变故时常见的传承方式。一般收徒授业都要举行一定的仪轨，才能收至其门下，但千户营高台具有娱神、娱人、娱己等特殊性质，不存在经济利益的因素，因此，大多数艺人都不会把绑扎技艺当作"独门秘籍"据为己有，只要有学习者，不必要郑重其事地专门来拜师，艺人们都会毫无保留地把自己的绑扎经验展示出

国家级"非遗"千户营高台传承人证书

2006年"第八届中国民间文艺山花奖·民间艺术表演奖入围奖"证书

2008年6月,千户营高台被国务院、文化部列为"国家级非物质文化遗产"

来。或者也只是一种口头的承诺,或者只是一种无言的举动,甚至暗示,都会完成一场师徒相传的仪式,这也是千户营高台艺人传承的一个重要特点。

旧时把高台绑扎艺人也叫绑扎把式,纯粹是一门手艺,这些人没有社会地位,也没有多少人来潜心学习,因此,绑扎把式比较少,但为了某种信仰,千户营高台绑扎技艺还是被传承下来,并且绑扎得越来越好。千户营高台绑扎的历史源远流长,在长达数百年的流传过程中,曾有多少位有名无名的艺人为千户营高台的发展献计献策,奉献过聪明才智。

1949年后,千户营高台遭遇过一些风浪,随着政治形势的不断变化,高台艺人们遭受了前所未有的挑战。"文革"期间,青海大部分地区的社火和高台与全国许多文艺节目一样,遭到禁演,取而代之的是"革命样板戏"。面对当时的特殊形势,聪明的千户营高台艺人"困"则思变,重新设计制作了《草原英雄小姐妹》《智取威虎山》《红灯记》《沙家浜》《英雄儿女》等高台节目。因此,千户营高台不但没有被禁演,还受到了有关部门的表扬。

1978年,十一届三中全会胜利召开,文艺战线迎来了温暖的春天,许多文艺思潮和文艺形式重新登上历史舞台,千户营高台也迎来了新的发展机遇。从内容到形式,千户营高台有了全新的改变,一些封建迷信色彩浓重的内容,一些不健康的题材,一些与新形势不相协调的因素被摒弃;反映人民现实生活,追求崇高理想,励志性的题材被搬上高台,成为新的亮点。同时,千户营高台艺人也和周边出演高台的村庄相互学习、切磋、总结经验、分析得失,分享绑扎经验。作为先行者,千户营高台艺人对一些村庄派来学习取经的人员,向他们传授绑扎技艺,悉心讲授,指点迷津,帮助指导他们在绑扎高台上有新的突破。1995年,村民李富先、范明周、文国录、

国家级"非遗"千户营高台传承人 李富先

千户营高台《六郎把关》

范明辉、范元德、王国玉、张丙云、范明山、马忠、马义、马海仓、范长江、范长泰、范永明等成为远近闻名的高台制作能手。

2000年后,千户营高台在湟中县文化局及有关部门的关怀帮助下,整体品质得到很大提升。千户营(千东、千西2个行政村)共有2400余人,掌握基本绑扎手艺的人数达到300人。李富先、范明周、文国录、贾生山、马富元、李发安等艺人绑扎技术精湛,成为千户营绑扎艺人中的佼佼者。

千户营村民、国家级"非遗"千户营高台代表性传承人李富先非常关注千户营高台绑扎艺人的传承情况,从2006年开始走访老艺人,看家谱,从现在一辈一辈往上推算,用心记录,大致清楚了千户营高台艺人的传承谱系。千户营高台绑扎技艺在六百多年的发展中,有据可查的,曾传承十三代,而前三代由于历史久远,人名已湮没在历史的烟尘中无从查考,更久远的绑扎艺人更是若夜空中的流星一样,在历史的天空中一闪而过,杳无痕迹。我们后来者只有从高台完美的侧影中感知他们曾经的温度。

第十三代有李富先、范明周、文国录、贾生山、丁修业、马倍、李富忠、马廷元。

常言道:大师在民间。一些具有天才性质的民间艺术人才曾在历史上留下过深刻的印记。在千户营高台制作艺人中,有些人虽然已作古多年,但他们的名字依然在千户营人的头脑中鲜活着,他们创作的题材,设计的造型,依然是多年来模仿、复制的样本;他们引领的潮流,心迹的表达，依然是后世遵循、效仿的高标。

如已故千户营高台绑扎老艺人有陈启虎，于20世纪60年代去世，享年70岁，他对儿童演员的化妆有一手绝活，抹胭脂、涂口红、画眉毛、扎头花，细节中颇见技艺；马永华于20世纪70年代去世，享年近90岁；李生英于20世纪90年代去世，享年70岁。这些老艺人在高台制作的某一领域都有独到的绝活，为人称道。现年74岁的马富元、73岁的李发安都是高台绑扎老艺人，他们在假山、各种雕塑造型的制作上技高一筹，独领风骚。

2003年，中国加入联合国教科文组织《保护非物质文化遗产国际公约》，非物质文化保护成了21世纪以来的国家文化战略工程。国家文化部启动非物质文化遗产保护工程，在"政府主导、社会参与"的方针下，整合"中国民间文化遗产抢救工程"等重大文化遗产整理保护项目，很快在全国有序稳步地开展。全国各地多种形式的高台艺术等民俗表演艺术被发掘整理出来，并使这一古老民俗在新时期焕发出新的活力。

2006年5月，湟中县政府开始着手申请千户营高台的非物质文化遗产事宜，县文化局领导及工作人员重新对千户营高台做了详尽认真的调研。岁末，向国家文化部呈报《千户营高台申报国家级非物质文化遗产申请书》，就项目名称、所在区域、地理环境、历史渊源、基本内容、相关器具及制作、传承谱系，基本特征、主要价值、濒危状况、管理组织、资金投入情况、已采用的保护措施、保护内容、五年计划、

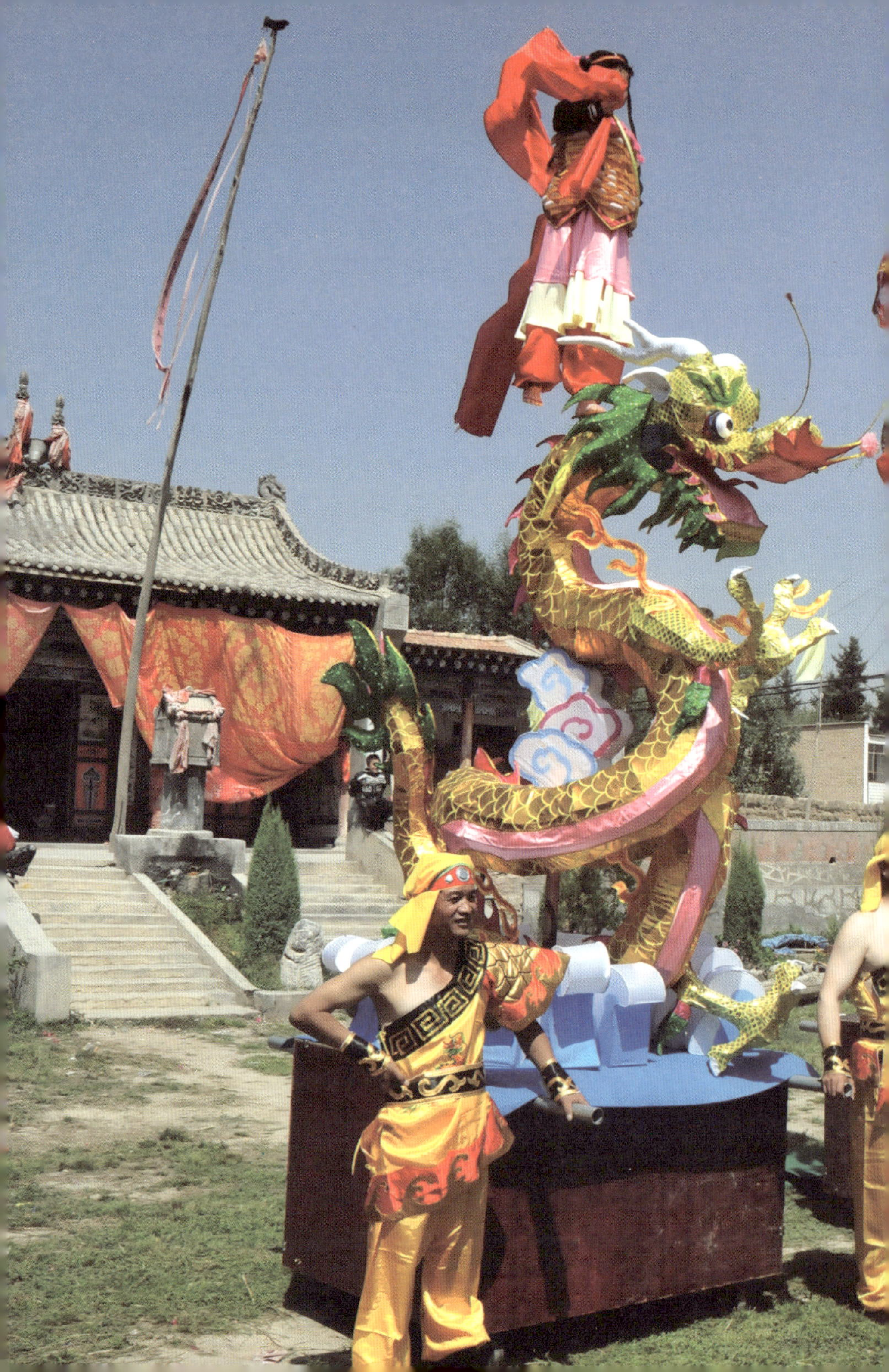

2010年9月千户营乡扎的高台

保护措施、建立机制、经费预算及其依据说明等情况做详尽的阐述。

在千户营高台申遗过程中，还有一段小逸闻。时任青海省社会科学院院长的著名民俗专家、博士生导师赵宗福先生有一天收到有关部门申遗调查小组的公函，说湟中千户营高台正在申请国家级非物质文化遗产保护项目，上报的资料翔实，图片生动，时值盛夏，实地勘验必等到来年农历正月元宵节，要赵宗福先生书面证实一下，千户营高台是否具备申请国家级"非遗"的实力，赵宗福先生见到信函，含笑在相关文件上郑重地签字推荐，并附自己1988年10月份创作的《西纳川竹枝词十二首》之第八首：

珠玑巷里觅家乡，

社火村村闹如狂。

最是高台夸技巧，

拉科千户名久扬。

通过努力，千户营高台于2008年6月7日被国务院列入中国第二批国家级非物质文化遗产保护名录。同批申报的抬阁（高台）类项目数百种，最后有河北葛渔城重阁会、山西清徐徐沟背铁棍、山东阁子里芯子、青海湟中千户营高台、广东吴川飘色等25项高台民俗忝列其中。同年11月，千户营高台被青海省人民政府列入第一批青海省非物质文化遗产保护名录，12月，青海省文化新闻出版厅命名千户营高台绑扎艺人李富先、范明周、文国录为省级非物质文化遗产项目千户营高台代表性传承人。2012年12月，绑扎高台方面身怀绝技的李富先又被文化部命名为第四批国家级非物质文化遗产项目千户营高台代表性传承人，千户营高台有幸进入一个历史新阶段。2013年，千户营高台被批准为国家级非物质文化遗产代表性补助项目，从物质和资金层面上得到了一定的补助。

在民间艺术中，千户营高台称得上是一朵盛开在民间的艺术奇葩。这种来自江南，生长于河湟地区的空中造型艺术形式，受到当地文化养分的滋养，形成了显示着丰富的区域性、民族性文化内涵和纯朴的地方风情、民族特色的艺术形式。这种民风民俗散发着古代文化的古老气息，历史悠久，传承有序，具有独特的技艺和鲜明的风格。千户营高台集文学、戏曲、美学、物理学、装饰学等艺术形式，不仅丰富了当地群众的文化生活，增添了浓郁的文化气息，也为传播中国丰富灿烂的文化做出了贡献，在河湟地区成为一面璀璨夺目的民间文化旗帜，在省内外具有广泛的影响。

每年的千户营高台展演是湟中及周边地区极为隆重的民间文化娱乐活动。届时，远近观众慕名而来，集聚千户营，只为目睹高台这一被誉为"空中戏剧""空中舞蹈"的表演盛况，许多民俗专家、摄影爱好者也来到千户营采风，用他们的笔和镜头定格这些绚丽多彩的画面。当地政府举行"高台搭台，经济唱戏"物资交流会，广大群众利用这种平台从事贸易活动，收到了良好的效果。千户营高台的演出大大提升了湟中的知名度,对湟中乃至全省的精神文明建设,丰富人民群众的文化生活,提高人民群众的素质,构建社会主义和谐社会,都将产生重要促进作用。

[第十章]
"高台之忧"

千户营高台以历史悠久、造型玄妙、装扮新奇、寓意吉祥，历来颇受各地群众青睐。因为受到邀请，千户营人曾经把高台抬到别的村庄演出，抬到城市的大街小巷和广场，甚至抬出了高原，抬到了广东、上海等地。

千户营高台以历史悠久、造型玄妙、装扮新奇、寓意吉祥、历来颇受各地群众青睐。因为受到邀请,千户营人曾经把高台抬到别的村庄演出,抬到城市的大街小巷和广场,甚至抬出了高原,抬到了广东、上海等地。千户营"高台娃娃"巡游四方、走街串巷曾成为一些地方深刻的记忆。

因高台受到四里八乡群众的热捧,能目睹高台真容,确实是一件吉祥和幸福的事情。一些经济条件较好的地方,常常邀请千户营高台去表演授艺,一来大饱眼福,二来可以模仿"学习"绑扎技艺。湟中还有一些地方每年也出演高台,就是"学习"千户营高台后逐渐发展起来的。据出生于1933年的村民胡理凯回忆,他在6岁的时候,被绑在高台上曾到上五庄新街、多巴地区演出的情景,至今记忆犹新。

民国时期,曾调千户营高台到西宁演出,一度技压群芳,传为佳话。20世纪90年代,千户营高台应邀多次到甘肃等地进行演出,给人们留下了深刻的印象。

十一届三中全会以后,我国人民的物质财富大幅增长,同时,精神生活也逐渐丰富起来。作为群众喜闻乐见的社火,成为每年春节期间文艺活动最主要的娱乐形式。元宵节期间，在湟中县城鲁沙尔举办为期数天的"塔尔寺元宵灯节暨物资交流会"，届时，除正月十五晚上展出著名的酥油花展览外，白天都有社火、彩车、文艺节目演出活动。演出的社火除本地鲁沙尔社火队之外，面向全县各村调演比较优秀的社火队参加，千户营高台是每年必邀展演的压轴节目之一。借着塔尔寺艺术"三绝"之一的酥油花灯展的东风，每年有近十万人一睹千户营高台的风采。

通海高台《八仙过海》

进入21世纪，千户营高台凭借精湛的绑扎技艺和良好的口碑，声名大振，好多地区纷纷前来取经学习，有的地方开始模仿绑扎高台，有的地方吸取千户营绑扎经验，丰富、完善着自己的高台绑扎技艺。

2005年12月18日，千户营高台在青海省文化厅的大力推荐下参加广东省中山市举办的"广东省首届飘色（高台）艺术表演大赛"，千户营高台节目《三江源》《西王母》等参赛，来自青藏高原的千户营高台，以高原特有的民族特色和粗犷豪放的风格在会场上一亮相，立

通海高台《五路财神》

通海高台《八仙过海》

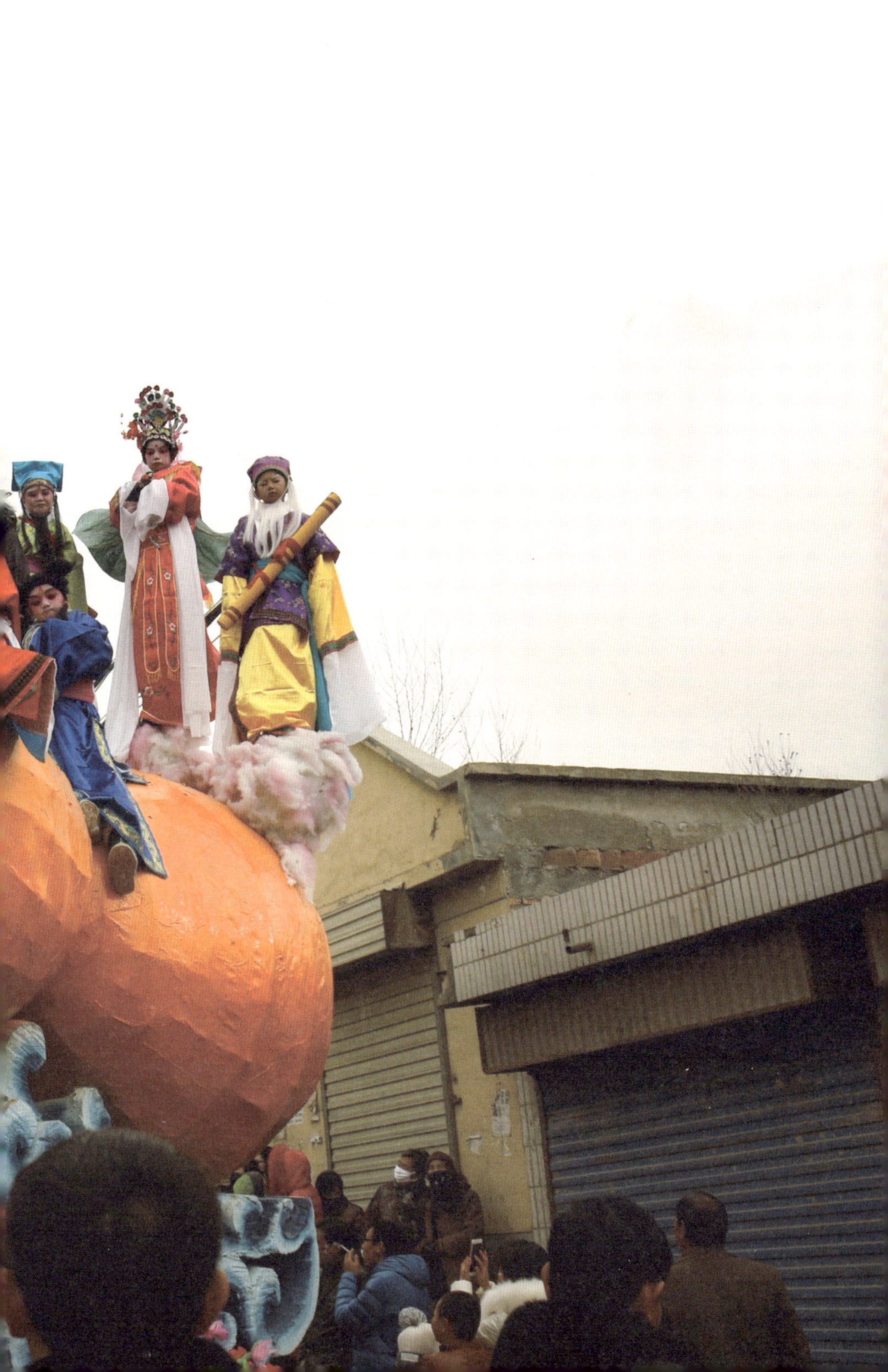

刻引起一片喝彩声。在南方众多观众普遍认为青藏高原无比荒凉，住的是牛毛帐篷，骑着马甚至是骑着雪狼走路的青藏高原，还有如此高悬、精美、气度不凡的高台民俗表演，每一台还包含着很丰富的文化内涵，真是让南方观众大开眼界。

2006年10月1~6日，适逢"中秋""国庆"双节，千户营高台参加广东省番禺举办的"中国首届民间飘色（抬阁）艺术展演"活动，来自全国16个省、市、自治区的28支飘色（高台）代表队参加表演，千户营高台表演并不逊色于在场的任何一家高台表演。

2007年6月9日上午10点，西宁市新宁广场彩旗飘舞，歌舞喧天。由青海省人民政府主办的"第四届中国青海民族文化旅游节开幕式暨民族文化主题巡游活动"在新宁广场隆重举行，千户营《西王母》《劈山救母》《悟空大战二郎神》等高台节目参加巡游演出，成为本届文化旅游节活动的亮点。

2008年2月19日，由西宁市群众文化工作委员会主办，市文广局、各区县人民政府承办，以"龙凤呈祥颂盛世"为主题的春节文艺活动在西宁举行，19台千户营高台，在众人的期盼中"千呼万唤始出来"，《三大财神》《八仙过海》《穆桂英挂帅》等高台节目个个造型奇特，形象逼真，令人赞叹不已。

同年10月11~12日，"第七届中国民间艺术节暨'山花奖'中国民间飘色（抬阁）艺术展演与评奖"在广东省广州市番禺区沙湾镇隆重举行，来自内蒙古、西藏、新疆、辽宁、云南、四川、山西7个省、自治区的9支民间艺术表演队伍及来自甘肃、青海（千户营）、湖南、广西、河南、福建、贵州、浙江、陕西、安徽、广东等16个省、自治区的26支飘色（抬阁）队伍的近2000名巡游飘色艺人，为人们献上了精心制作的传统民族文化艺术大餐，千户营高台整体荣获得"山花奖入围奖"。

2010年9月8日，千户营《唐蕃和亲》《三江源头》《哪吒闹海》《在那遥远的地方》等4台高台节目亮相"上海世界博览会"，为大美青海、夏都西宁起到很好的宣传和推介作用。

2019年农历正月十四，由国家文化和旅游部非遗司指导、青海省文化和旅游厅主办、湟中县文化旅游体育局承办的"非遗过大年，文化进万家"青海省非物质文化遗产展系列活动在湟中县城文化广场举行，《大美青海》《魁星点元》《三借芭蕉扇》《封神榜》《哪吒闹海》《樊梨花征西》《大战牛魔王》《杨家将》等8台千户营高台亮相，与其他"非遗"项目一起成为鲁沙尔街头一道亮丽的风景线。据相关人士介绍，这项活动将在每年的这个时间持续开展，成为塔尔寺大景区一张特殊的金名片。

千户营高台历时数百年，随着社会的发展变化，其形式和内涵均发生了极大的变化，尤其是人们不再为衣、食、住、行等最基本的生存要素所困扰，转而向更高层次的精神层面有所需求的时候，一种传之愈久、历久弥新的艺术形式自身存在的价值就会凸显出来，得到人们的厚爱。但由于种种原因，高台这种古老的艺术形式在新时期遇到了新问题，面临着种种危机。

高台制作需要大量的人力物力，这是众所周知的事情。千户营每年绑扎19台高台，每年演出的设备和衣物等有的沿用多年，新的道具无钱制作，一些内容的增加、技术的改进、道具的改良都需要资金的支持。如果没有新高台的补充，即使进行道具的互换，服装的搭配重组，仍会让观众产生一种"似曾相识"或"热剩饭"的感觉，缺少新意，

通海高台《梁山伯与祝英台》

缺乏看点，高台艺术视觉效果将会大打折扣。即使多种资源重复利用，部分设备及道具经过修补也可以利用，但好多一次性的道具和装饰品得重新制作，加上一些损坏的、陈旧淘汰的物件要重新添置；如果要上新的高台剧目，从演员的头饰、服装到台柜、支架，一切得重新制作；再加上高台制作所需费用，都是一笔不小的开支。

多巴高台《樊梨花征西》

千户营千东、千西两村没有效益好的集体企业，没有固定的经济来源。

1949年前，千户营高台作为社火的一部分，其制作费用主要靠庙田收入，后来主要靠群众给三官庙的香火钱、挨家挨户收取的份子钱，以及一些个人捐款来维持，而这些钱的数量又不能保证，时多时少，难以估计。

从近几年全县高台的演出情况来看，一些经济较发达地区的高台表演从内容到形式，发展很快，大有直追千户营高台或有超过的趋势。首先表现在形式上，作为空中造型观赏艺术，其他地方出现了一台高

2016年千户营高台培训班

台绑扎七八个甚至十三四个孩子的高台,如 2013 年,多巴装扮的《十三棍僧救唐王》高台共有 14 个孩子;2015 年,通海城中装扮的《八仙过海》高台有 8 个孩子;2019 年,多巴高台《杨门女将》绑扎 12 个孩子。这些大型高台节目的设计制作除了大胆的设想外,更重要的是要有足够的资金支持。千户营高台虽然得到了广大群众及有关部门的大力支持,但资金投入仍显得捉襟见肘。一些想象奇异、内容新颖、规模宏大、造型奇特的大题材、大制作构想难以付诸实施,更别说加入和运用一些较先进的、高科技手段,原因只有一个——资金缺乏。

随着科学技术的进步和市场经济的发展,人们文化生活日益丰富,电视、互联网让地球变得越来越小,全国甚至全世界每时每刻发生的事情,都会在很短时间里纷至沓来,信息量及其庞杂,鱼目混珠,良莠不齐;更多的优秀艺术形式进入人们视野,不断撞击着人们的眼球,审美需求不断提高;也有好多一次性的、吸引人们眼球、披着艺术鲜艳外衣的伪艺术蜂拥而至,传统艺术正在经受着严峻的考验。在这种形势下,千户营人对高台的兴趣也会愈来愈淡漠,直接导致参与高台制作和演出的积极性逐年下降,呈滑坡趋势,使这一古老民间艺术失去了昔日的生机和活力。

一些高台优秀民间艺人因年事已高逐步退出历史舞台,有的相继谢世,一些高台制作技艺相继失传。除少数高台艺人能独当一面外,很多正在学习的年轻人很难在高台的制作中独立完成从设计、绑扎、装饰等一系列的环节,更难做到独树一帜,别出心裁,设计出让人们留下深刻印象的作品。每年高台演出前虽然参与的人数比较多,有资料说,千户

2013年多巴大型高台《十三棍僧救唐王》

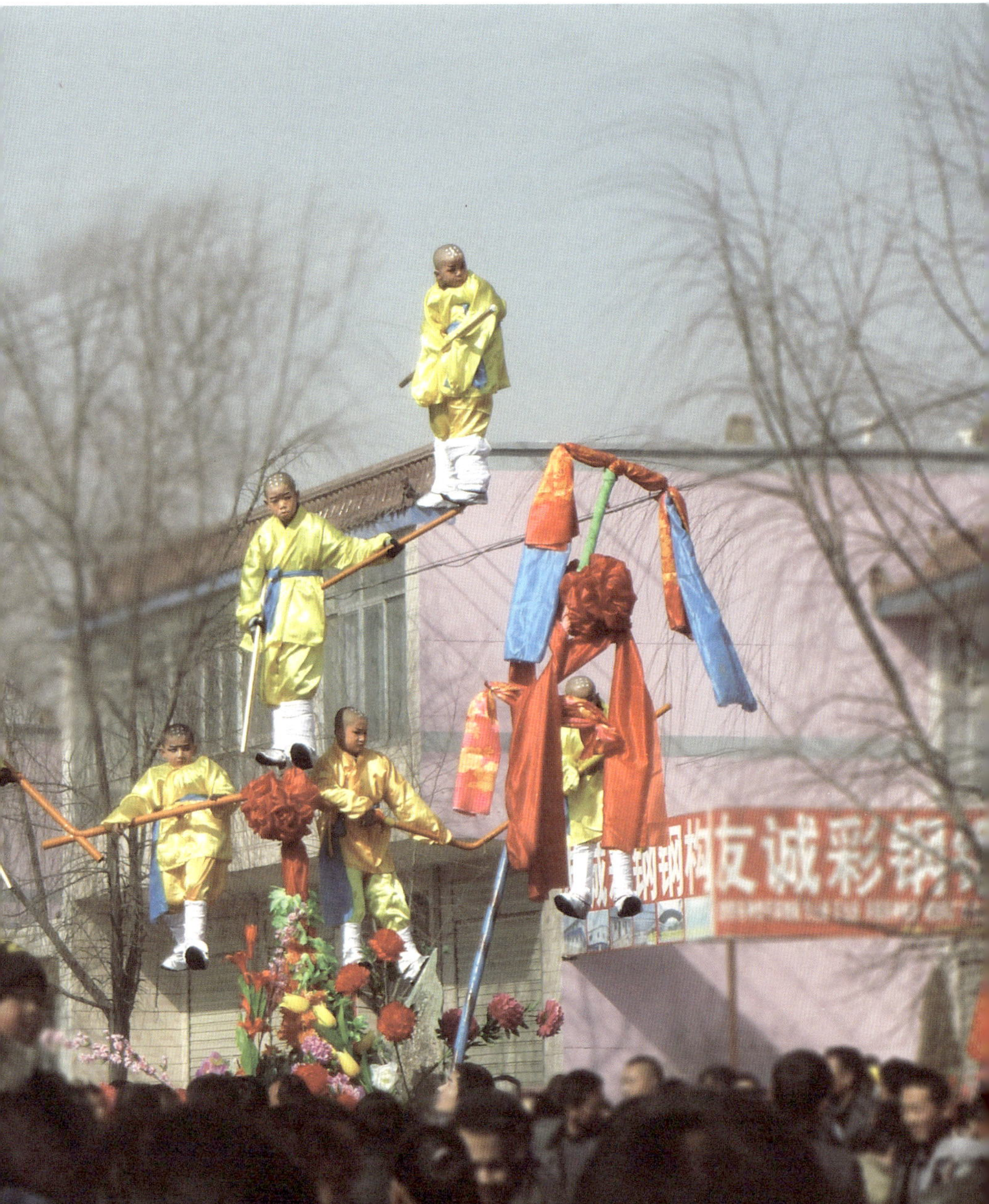
友诚彩钢

营2400口村民中，会绑扎技艺的艺人达到300人，表面看，艺人数量可观，但好多人只能做一些粗线条的活儿，一些比较精细的、技术性较高的细节处往往不得要领，更难进一步作精细化制作，独立完成一台高台。

值得注意的是，千户营高台化妆艺人严重缺乏。从现在的状况看，一些常年从事化妆的艺人也存在诸多的不足之处，如被文化程度所限，对化妆艺术深层次的理解和掌握不够，只能进行一些比较简单的涂抹和勾勒，一些较精致、有代表性的脸谱还难以上手；人物身份及性格与脸谱的设计不是十分吻合，以致形成多人一面，特点不突出，个性不明显的现象，这是亟待解决的问题。如果千户营高台化妆艺人能走出去，接受一些较专业的培训，或者多与外面的同行艺人学习交流，千户营高台化妆艺术走向一个新的境界，定会为千户营高台增色不少。

另外，道具制作方面，也存在不少问题。一些精致小巧的道具、以假乱真的道具的制作，往往煞费苦心，也是千户营高台艺人的短板。大部分学习者还是门外汉，不能得心应手、独立自主地制作所需要的道具，更谈不上在形式上进行创新了。

出现这些问题的原因如前所述，就是现在的年轻人不太重视这门老祖宗传下来的艺术形式，所以，培养高台绑扎的多面手，培养新的千户营高台传承人刻不容缓。

由于受物质条件及高台绑扎艺人眼界等因素的限制，高台经历了由低到高，绑扎人物由少到多，服装道具由简到繁、由粗到精，装扮内容由神灵仙家、帝王将相到寻常百姓的演变，这是不可忽略的发展变革，有目共睹，是值得肯定的。但是还有一种现象不容忽视，就是高台形式出现一些变种，与人们心目中的高台拉开了一定的距离，虽然千户营高台还在坚持着"高、悬、奇、妙"的主旨，但其他一些地方的高台近几年已经脱离这种宗旨，向庸俗、大众化发展。这种反面的例子，对千户营高台艺术品质而言，是有一定的警示作用，因此不避赘言，列举一些特例来分析说明。

我们从美国传教士柏立美1925年拍摄的丹噶尔高台老照片可以看出，那时候的高台高度大约4米，每台2层共绑扎2个角色，演绎一个故事。到了20世纪60至70年代，高台的总高度达到了一个巅峰，是因为当初的支架主杆由榆木换成了实心铁杆，烈火锻打的铁杆实现了高台艺人大胆的想象，高台高度出现了一个前所未有的高度，高台也显得更加悬妙，这时也出现了3人1台的高台。随着农村通电及电网改造，蜘蛛网一样的电缆线、电话线随意横穿大街小巷，对高台高度形成限制。因此，高台高度有了一定的回落，再也没有艺人敢尝试和挑战更高的高度了，曾经高大的高台身子出现微缩。前些年县城的调演也对高台的微缩进一步推波助澜。各高台展演队为了到县城展演时行路便捷，有意识降低高台的高度，几经演变，高台真的矮了下来。正如也是国家级"非遗"项目的加牙藏毯编制技艺传承人杨永良，为应付到全国各地表演藏毯编制技艺，特制了一架微型的藏毯编织架子，携带方便，走的时候拆卸下来，用绳子一捆，装进袋子背着便可带走，高台的微缩也有这样的因素存在。

20世纪70至80年代，手扶拖拉机等机械出现在农村，给农村生产生活带来了新的气象和极大的方便。昔日全靠人力抬的高台，有了变化。人们尝试把高台绑扎在手扶拖拉机上，让这种新型的机械代替人力负载沉重的高台，充当脚力，这种新奇的方式曾一度受到人们的欢迎。至21世纪初，随着一些更加先进的双排车及皮卡轿车的普及，加上这些年农村道路硬化，交通路况的改善，大大方便了农村人的出行，好多地方的高台改用双排车或皮卡轿车绑扎，这些车的动力好，重心稳定，上面空间大，因此出现了一台车子上绑扎七八个人甚至更多的人物，只是高度已经降下来，欣赏的艺术性大打折扣，甚至被很多人戏称为"彩车"，尽管上面绑扎的人物越来越多，故事越来越精彩，但免不了被人们误认为彩车，毕竟与制作者的初衷不符。值得欣慰的是，千户营高台对承重台柜做了一些改进，在下面安装上四个小轮子，台柜上面绑有抬杆，根据展演需要，可推可抬，方便实用，在周边高台中仍保持原汁原味而独领风骚，没有一台"沦落"到彩车的行列。

千户营高台在数百年的发展过程中，作为娱神娱人的"神事"活动，由家族或某一个相对独立的小团体独立完成高台的设计制作，平时处于半保密状态，到了展演的那一天，才露出庐山真面目。人们看到各生产合作小队绑扎的主题，或传统、或新潮，浪漫的、现实的，《封神演义》的、《三国演义》的，全亮在人们的眼前。观众用挑剔的眼光观赏着眼前的高台，在美的享受中也发现了美中的不足。每个合作小队制作的高台的内容及主题，由于提前没有统一规划，设计、绑扎各自为营，出现主题雷同、内容重复等现象，造成不必要的资源浪费。对别的高台进行赏析、对比后，发现自家高台的优点和不足，牢记于心，在第二年的高台绑扎中吸收别的高台的优点，弥补不足，并进行一次次的完善。那时候，人们对高台内容的要求不是很高，而到了今天，人们对高台的鉴赏能力有了很大的提高，人们的欣赏习惯要求高台表现更多的故事内容，以满足不同的心理需求。这样，一些高台题材的雷同，内容的重复就会引起人们欣赏兴趣的乏味和审美的疲劳，从而降低高台艺术欣赏的趣味性。究其原因，这是缺乏整体上的规划、宏观上的调控等原因造成的，是小范围、作坊式的高台制作方式引起的。诚然，那种自主设计制作的高台更有竞争性、可比性，但不利于高台整体的发展，不利于观众多样性审美情趣的培养。

只有建立统一的管理机制，做出宏观调配，各制作小团体在统一管理下发挥各自的聪明才智，不重复，不雷同，才能更具看点；向创作团队不断提出新的挑战，也才能使千户营高台艺术健康有序地发展下去。

千户营高台遇到的种种危机，也是全国各地高台已经经历或正在经历的危机，希望能够引起有关部门的重视，对症下药，开出解决问题的良方，让这摸爬滚打、艰难行走了千百年的民间民俗艺术能够更健康、更充满活力地传承发展下去。

[第十一章]
·不是尾声·

高台像一朵朵盛开在原野上的野花一样,虽然平凡,但是每年都会迎着春风绽放出五颜六色的花朵,散发出淡淡的清香。

以千户营为中心出演高台的 10 余个村庄呈"曲尺"形分散在湟水河两岸，有西宁至倒淌河的高速公路、大通经湟中至平安的"大湟平"公路、多巴至上五庄的"多上"公路纵横连接，交通十分便利。千户营距藏传佛教圣地塔尔寺 40 公里，距西宁市中心 35 公里，离青海历史名城、西宁市城市副中心多巴新城 10 公里，离上五庄水峡 10 公里，打造千户营高台民俗旅游项目，纳入西宁一日游旅游圈，改善旅游环境，开发旅游产品，发展旅游业，已具备良好的条件。

　　高台艺术除具有很强的观赏性以外，还有深厚的文化内涵。有人说没有文化谈不上旅游，没有文化底蕴的旅游项目没有生命力。同样，没有较高文化含量的旅游产品也没有竞争力。高台艺术具有悠久的历史，承载着丰富多彩的文学艺术，具有很强的艺术感染力。如果更深层次地与当地旅游结合在一起，定会出现无限商机。因此，通过合理宣传、开发高台艺术，在元宵节期间，举行盛大的"高台艺术节"，可吸引大量的游客，带动当地旅游经济的发展。

　　在有关部门的指导下，可以成立高台表演队，顺应市场，如许多社火队的舞龙、舞狮一样，高台也可以走出去进行表演，获得一定的酬劳来补充经费的不足。比如高台展演和省内举办的一些经济、文化、旅游等大型艺术节结缘，按一定的主题，设计相应的题材，参加盛会开幕式或适时表演，一定会增色不少。

内地省市在这方面已经走在了青海前面，已有成功的经验可以借鉴。这也是高台艺术走产业化道路的第一步，只有这样，才能从根本上提高高台艺人的积极性，保证高台演出活动持续发展，经久不衰。

在高台旅游中如果增加游客亲自参与绑扎和被绑扎项目，定会受到游客的欢迎。高台作为娱神娱人的古老艺术形式，被开发为当地旅游项目时，其神秘面纱也随之揭开，作为一门艺术，人们会怀着很高的兴趣和好奇心，在高台艺人的指点下亲自体验完成一台高台艺术品的制作，这会很有意义。一些小观众也会在家长的鼓励下，被绑扎在高台上，临时充当一回"高台娃娃"，那种头戴紫金冠，面敷油彩，身着凤冠霞帔，被高高悬在半空，演绎历史传奇的经历，一定会给游客留下很深的印象。

作为独特的空中造型艺术，高台具有很高的视觉艺术欣赏效果，其奇异的造型、华丽的服饰、精巧的结构有很多值得推敲揣摩的地方，如果能科学、合理地开发出高台微缩的工艺纪念品，预计会有巨大的市场潜力。游人在欣赏高台的同时能买到高台模型工艺品，回去之后置于案头，悉心把玩，或别有一番情趣。如果高台模型在设计上吸取皮影、七巧板及变形金刚等组合原理，可

扎麻隆高台《女娲伏羲》

以随意组合，随意拼装，既可作为案头陈设的艺术品，也可成为孩子们手中的益智玩具，这种设想将会商机无限。

除千户营高台外，湟中县多巴镇还有通海（镇海堡），多巴（一、二、三、四村），黑嘴村；拦隆口镇拦隆口村，西拉科村，南门村；西堡镇西堡村；李家山镇李家山村等村子出演高台。

通海有3个行政村。其中，城中村和城西村为一个火神会，称通海西会；城东村为通海东会。通海西会每年出高台13台，高台均绑扎在手扶拖拉机和双排车上，每台绑扎人数3至8人，一般为2层，高3至5米，服装鲜艳，道具精美；随社火队出演，出演时间为每年正月十二、十四、十五、十六；在演出的几天时间里，高台上绑扎的故事会有所变化；尤其值得称道的是通海高台的道具制作非常精美，这和通海老艺人晋生旺有关。

1946年，晋生旺生于多巴镇通海城中村，1976年开始创作农民画，青海省一级民间工艺师。他的农民画作品《庆丰年》曾在中国美术馆展出，他设计的通海高台人物形象生动活泼、栩栩如生，制作的高台道具精美巧妙，层次丰富，色彩艳丽，夺人眼球。从大型道具奋蹄奔驰的骏马到参差嶙峋的假山，再到兵器绢花，无不形象逼真。他一生中带出了很多徒弟，给通海等地培养了很多制作高台道具的艺人。2006年晋生旺去世后，通海高台的《魁星点元》由他们家族的艺人负责绑扎，造型奇异，给观众留下了深刻的印象。2017年，通海西会展演的高台剧目有《魁星点状元》《武王伐纣》《五虎上将》《盘丝洞》《忠烈杨家将》《五路财神》《大战流沙河》《百岁挂帅》《西游记》《观音与悟空》等。通海东会每年演出社火时绑扎高台9台，出演时，与城西社火队在城中村大庙（娘娘庙）前戏楼广场汇合，参加巡游展演，高台剧目主要有《荡秋千》《借东风》《穆桂英》《西王圣母》《观音菩萨》

扎麻隆高台展演

等，其中高台《魁星点元》为每年打头剧目。

多巴高台也是青海高台中比较出色的。多巴位于青藏公路、青藏铁路的重要隘口，自古就是通往藏区的重要枢纽，具有悠久的历史，是一座坐落于湟水中游的历史文化名城。多巴高台吸纳了千户营高台的精髓，加上多巴人杰地灵，经济条件良好，人们异常重视高台潜在的宣传和经济效益，多巴高台既有千户营高台的高，又有通海高台的精致，显出雍容华贵之美。如2019年元宵节期间，绑扎的高台有《魁星点元》《西王母》《桃园三结义》《三堂会审》《李彦贵卖水》《杨门女将》《精忠报国》《关公降龙》《智永福保唐王》《高老庄》《七进七出》《百岁挂帅》《临潼关》《天女散花》《福禄寿》《牛头山》《棋盘山》等17台。其中，绑扎人物最多的一台《杨门女将》，三层呈椭圆形绑扎12个人物形象，有气势，将一代忠烈杨门女将戎装出征前英姿飒爽的一面呈现了出来；绑扎最精美的高台是《西王母》，一只长达6米多的凤凰在空中展翅飞翔，上面站立着仪态万方的西王母，更为惊奇的是这只大型道具凤凰长达四五米的双翼在不断地上下扇动，这种利用现代化电动原理的大型高台给人耳目一新的感觉。还有高台《魁星点元》的设计在传统形象的基础上左右增加一副对联，上联为"独占鳌头护国佑"，下联为"手持毫笔点状元"，传统的鳌头下面是一本打开的巨型《论语》书，一句句相关学习的经典语句，别开生面，接地气，呼应着这个"全民阅读"的大环境。

高台艺术作为河湟社火中的一部分，省内其他地方也有零星出演，如青海省海东市乐都区高庙镇老鸦村的亭子（高台），湟源县大华镇的高台等也比较有名气。

乐都老鸦高台，也称"亭子"，早在清朝道光年间，乐都高庙社火中就演出"亭子"。在一个铁木结构的台面上固定五六米的S形亭杆，亭杆上贴上榆树皮，再配以一些枝叶和花朵，装饰成逼真的大树，在合适位置绑扎5~12岁的儿童演员，小演员穿上秦剧服装扮演成故事当中的角色，站立在树枝上，一般有上下两层2个小演员，也有一台亭子绑扎3个小演员的。只见一架架"亭子"火树银花，流光溢彩，小俊男、小靓女们浓妆艳抹，衣着华丽，他们或躺在花瓣上，或立于羊角上，或站在刀尖上，或踏云卧雾，或跨鹤骑马，个个超凡脱俗，酷似天仙。20世纪80年代后，乐都"亭子"将由人抬着行进的抬"亭子"改成了由装饰起来的手扶拖拉机拉的车"亭子"，演出时既方便又省力。东、西村"亭子"总数有8架，每年元宵节前后演5天社火，共演出40个剧目，演职人员达150人之多。

就在各地社火里高台异彩纷呈，热闹了正月的时候，我们听到一个消息，据说是西王母的降生地，被誉为昆仑文化的"龙门凤阙"的湟中扎麻隆凤凰山从2018年春节开始演出高台，这是近年来听到的又一个演高台的喜讯。2019年农历正月十二，我们怀揣新奇踏上了去往扎麻隆凤凰山的路，沿西宁南环路一路向西，从远处就看到扎麻隆凤凰山气势宏大的宫殿建筑。抵达凤凰山，进入山门，正赶上社火表演，形似天坛的重檐攒尖圆寰建筑地母宫前的广场上，八台高台正停在围成圆圈的人群外围，场地中央正在表演气势宏大的威风锣鼓，八台高台恰好成弧线做了表演场地的背景，如果拍照，效果极佳。高台依次装扮的故事是《九天玄女》《西王圣母》《女娲伏羲》《五路财神》《天女散花》《嫦娥奔月》《福禄寿星》《皇天后土》《湟仙观音》《天官赐福》。据说扎麻隆社火以前没有高台，由于高台具有一定的观赏性和独特的表达性，2018年，在青海省昆仑神话开发协会会长、扎麻隆凤凰山昆仑文化创始人韩生魁先生资助下，邀请多巴通海高台绑扎艺人传授经验，历时数月，创研出八台大型高台剧目，内容全部取自中国著名的昆仑神话传说，据说在扎麻隆凤凰山各大殿都能找到相对应的故事及雕像。

扎麻隆高台的出世，再一次证明高台这门古老民间民俗艺术，不管时光如何天长地久，不管世事如何风云变幻，都会呈现出顽强的生命力。高台像一朵朵盛开在原野上的野花一样，虽然平凡，但是每年都会迎着春风绽放出五颜六色的花朵，散发出淡淡的清香。倏然间，长久积压在心头关于高台的种种忧思顿然消解，高台这朵民间艺术奇葩不但不会凋谢，而且在艺术的百花园里会越开越鲜艳。

后 记

  我岳父家所在地湟中县多巴镇城中村，原名镇海堡，是一个历史悠久、地理位置特殊的地方，是青海东部农业区通往牧区的重要通衢，现称通海。通海有三个行政村，两个火神会，皆演出社火，出高台，通海周边多巴镇，拦隆口镇千户营、西拉科、黑嘴等村庄也出演高台，每年都会去这几个地方观看。我对高台的绑扎和绑扎的故事极有兴趣，对这种历久弥新的民间艺术充满着痴迷。

  青海人民出版社策划的"大美青海非遗记录丛书"有一册《高台》，《千户营高台》责任编辑王伟信任我，要我以大散文的形式撰写此书文字，由于我对《千户营高台》倾注的情感太深，文风一时半会改变不了，怕完不成任务，辜负了好友的美意，犹豫了一段时间。但好在沉淀一段时间后，我对高台有了一些新的认识和感受，于是又充满信心，欣然答应。

  本书以国家级非遗项目千户营高台为重心，同时写了千户营周边通海、多巴、扎麻隆及海东市乐都区等地的高台表演简况，也简要介绍了全国范围内高台的发展状况。

这次写作比较顺利，不但注入了新的内容，也做到了通俗易懂，既有文学性又有趣味性。

为了更好地叙述和记录高台这个国家级非物质文化遗产项目，除了文字的表述外，还配了一些真实的图片，旨在更清楚、更直观地了解高台，使高台艺术能够被更多的人所了解，让更多的人来观看、欣赏高台，让更多的人关心、爱护高台，让高台这朵民俗百花园里盛开的艺术奇葩得到有力的保护，能够健康有序地传承和发展下去，这是我所希望的。

需要说明的是，这本书中选用了大量的照片，大部分是我自己拍摄的，另外选用了湟中县文化馆珍藏的一些照片，以及同事和朋友魏廷祥、李玉寿、官群、杨金花、王海龙等人的照片。值得一提的是书中还选用了2帧美国传教士柏立美1925年拍摄的丹噶尔绑扎高台的照片，弥足珍贵，在这里一同表示感谢！

最后，我还要感谢一些人，感谢青海人民出版社总编辑王绍玉先生，感谢湟中县文化旅游体育局局长李玉寿先生、县民政局局长张珍玲女士、县作家协会马彪主席，上新庄镇中心学校吴晓青校长，还有我的同事、我的家人，是他们给了我机遇、给了我勇气、给了我力量，让我一个平凡的教师有机会出版真正意义上的第二本书。

  由于写作皆在业余时间进行，加之水平有限，一些更深层次的东西或许还没有挖掘出来，留下遗憾，书中舛误在所难免，恳请方家批评指正。

郭成良

2019年中秋节于西宁城南丰泽园